"Um mapa brilhante para a jornada real e profunda
É deste remédio que precisamos."

— Larry Ward, autor de *America's Racial Karma:
An Invitation to Heal*

"Kaira Jewel Lingo é uma das professoras mais autênticas do Dharma de nossa geração. As décadas que passou em prática comprometida e genuína produziram um livro que fala sobre o que muitos de nós anseiam — um caminho de orientação para algumas das experiências mais difíceis de nossa vida. *Fomos feitos para estes tempos* é exatamente o remédio necessário para este momento de cura necessária."

— Lama Rod Owens, autor de *Love and Rage:
The Path of Liberation through Anger*

"Tempos obscuros contêm o poder e o potencial para uma transformação profunda. Kaira Jewel Lingo é uma guia sábia e inspiradora navegando pelos desafios de nossos tempos com coragem, equanimidade e compaixão. Ela compartilha ensinamentos e práticas atemporais que revelam nosso pertencimento e libertam nosso coração."

— Tara Brach, autora de
Trusting the Gold: Uncovering Your Natural Goodness

"Um tesouro contendo conselhos de meditação amorosa e prática sobre como podemos enfrentar tempos difíceis e transições desafiadoras com mente e coração intactos… Um dos melhores comentários que já vi sobre a utilidade cotidiana da vida de ensinamentos de Thich Nhat Hanh, este livro é feito sob medida para nossos tempos. Uma joia de trabalho!"

— Jan Willis, autora de *Dreaming Me: Black, Baptist, and Buddhist*

"A trança mais linda com os muitos fios da Sabedoria por meio da prática budista para criar um manto sagrado de Liberdade para todos nós."

— Larry Yang, autor de *Awakening Together:
The Spiritual Practice of Inclusivity and Community*

"Amo este livro! Simples, porém profundo, sincero, perspicaz, abrangente e prático. Kaira Jewel Lingo faz uso de seus anos como monja com Thich Nhat Hanh para oferecer ideias, ferramentas e práticas empíricas que precisamos para suportar estes tempos às avessas. Uma verdadeira joia."

— Rick Hanson, autor de *Neurodharma*

"Vindo de uma professora inestimável, uma maneira simples e clara para acessar seu próprio coração e a sabedoria... Qualquer um que está em busca de respostas encontrará alívio nas páginas deste livro."

— Zenju Earthlyn Manuel, autora de *The Deepest Peace*

"*Fomos feitos para estes tempos* é como um poema. Kaira Jewl Lingo oferece uma orientação inspiradora e acessível para experienciarmos a proximidade da liberdade apesar de nossas circunstâncias. Uma leitura oportuna e atemporal para todos."

— Ruth King, autora de *Mindful of Race*

"Este livro esperançoso traz luz para nossos tempos tão obscurecidos pelas sombras do ecocídio, do racismo, do patriarcado, da ilusão e do desespero. A história de Kaira Jewel Lingo por si só oferece grande esperança, pois demonstra como uma nova geração está surgindo."

— Matthew Fox, autor de *Original Blessing*

"Neste relato íntimo e corajoso de sua própria jornada, Kaira Jewel Lingo nos oferece um exemplo inspirador de como estes ensinamentos milenares podem ser um guia, uma inspiração e um recurso em tempos difíceis. É uma sabedoria poderosa, clara e concisa."

— Oren Jay Sofer, autor de *Say What You Mean*

"Kaira Jewel Lingo é uma verdadeira professora."

— Satish Kumar, fundador da Schumacher College e
da revista *Resurgence & Ecologist*

FOMOS FEITOS PARA

10 lições para viver em um mundo de mudanças, perdas e rupturas

ESTES TEMPOS

KAIRA JEWEL LINGO

FOMOS FEITOS PARA

10 lições para viver em um mundo de mudanças, perdas e rupturas

ESTES TEMPOS

Rio de Janeiro, 2024

Fomos feitos para estes tempos

Copyright© 2024 Alaúde Editora Ltda, empresa do Grupo Editorial Alta Books (Starlin Alta Editora e Consultoria LTDA).
Copyright© 2021 Kaira Jewel Lingo.
ISBN: 978-85-7881-688-9

Translated from original We were made for this times. Copyright© 2021 by Kaira Jewel Lingo. *ISBN 978-1-946-76492-8. This translation is published and sold by Parallax Press, the owner of all rights to publish and sell the same. PORTUGUESE language edition published by Alaúde, Copyright© 2024 by STARLIN ALTA EDITORA E CONSULTORIA LTDA.*

Impresso no Brasil – 1ª Edição, 2024 – Edição revisada conforme o Acordo Ortográfico da Língua Portuguesa de 2009.

Dados Internacionais de Catalogação na Publicação (CIP) de acordo com ISBD

L755f   Lingo, Kaira Jewel

Fomos Feitos para Estes Tempos: 10 Lições para Viver em um Mundo de Mudanças, Perdas e Rupturas / Kaira Jewel Lingo. - Rio de Janeiro : Alaúde, 2024.
128 p. ; 15,7cm x 23cm.

Tradução de: We are Made for these Times
ISBN: 978-85-7881-688-9

1. Autoajuda. 2. Mudanças. 3. Perdas. 4. Rupturas. I. Título.

2023-1051
CDD 158.1
CDU 159.947

Elaborado por Vagner Rodolfo da Silva - CRB-8/9410

Índice para catálogo sistemático:
1. Autoajuda 158.1
2. Autoajuda 159.947

Todos os direitos estão reservados e protegidos por Lei. Nenhuma parte deste livro, sem autorização prévia por escrito da editora, poderá ser reproduzida ou transmitida. A violação dos Direitos Autorais é crime estabelecido na Lei nº 9.610/98 e com punição de acordo com o artigo 184 do Código Penal.

O conteúdo desta obra fora formulado exclusivamente pelo(s) autor(es).

Marcas Registradas: Todos os termos mencionados e reconhecidos como Marca Registrada e/ou Comercial são de responsabilidade de seus proprietários. A editora informa não estar associada a nenhum produto e/ou fornecedor apresentado no livro.

Material de apoio e erratas: Se parte integrante da obra e/ou por real necessidade, no site da editora o leitor encontrará os materiais de apoio (download), errata e/ou quaisquer outros conteúdos aplicáveis à obra. Acesse o site www.altabooks.com.br e procure pelo título do livro desejado para ter acesso ao conteúdo.

Suporte Técnico: A obra é comercializada na forma em que está, sem direito a suporte técnico ou orientação pessoal/exclusiva ao leitor.

A editora não se responsabiliza pela manutenção, atualização e idioma dos sites, programas, materiais complementares ou similares referidos pelos autores nesta obra.

Produção Editorial: Grupo Editorial Alta Books
Diretor Editorial: Anderson Vieira
Editor da Obra: Ibraíma Tavares
Vendas Governamentais: Cristiane Mutüs
Gerência Comercial: Claudio Lima
Gerência Marketing: Andréa Guatiello

Produtoras Editoriais: Gabriela Paiva, Mariana Portugal
Tradução: Alberto Gassul Streicher
Copidesque: Rafael de Oliveira
Revisão: Tatiane Evelyn, Vinicius Barreto
Diagramação: Rodrigo Frazão
Capa: Lorrahn Candido

Rua Viúva Cláudio, 291 – Bairro Industrial do Jacaré
CEP: 20.970-031 – Rio de Janeiro (RJ)
Tels.: (21) 3278-8069 / 3278-8419
www.altabooks.com.br – altabooks@altabooks.com.br
Ouvidoria: ouvidoria@altabooks.com.br

Editora
afiliada à:

*Para aqueles que buscam encontrar seu caminho
e para todos aqueles na crisálida*

Alguns períodos de nosso crescimento são tão confusos que nem mesmo reconhecemos que ele está acontecendo. Podemos nos sentir hostis, bravos, sentimentais ou histéricos, ou deprimidos. Nunca nos ocorreria, a menos que tropeçássemos em um livro ou que uma pessoa nos explicasse, que estávamos de fato no processo de mudança, de realmente nos tornarmos maiores espiritualmente. Sempre que crescemos, tendemos a sentir o processo, assim como uma jovem semente deve sentir o peso e a inércia da terra à medida que tenta quebrar seu invólucro no caminho para se tornar uma planta. Em geral, o sentimento é tudo, menos agradável. Porém, o mais desagradável é não saber o que está acontecendo. Aqueles longos períodos quando algo dentro de nós parece estar esperando, segurando a respiração, incerto sobre qual deveria ser o próximo passo, mais cedo ou mais tarde se tornam os períodos pelos quais esperamos, pois são neles que percebemos que estamos sendo preparados para a próxima fase de nossa vida e que, com todas as chances, um novo nível de personalidade está prestes a ser revelado.

— Alice Walker, autora de *Vivendo pela Palavra*

Conceda-me as dificuldades e os sofrimentos apropriados nesta jornada para que meu coração possa ser verdadeiramente desperto e minha prática de libertação e compaixão universal possa ser genuinamente realizada.

— Prece budista tibetana citada por
Jack Kornfield em *A Path with Heart*

SUMÁRIO

Prefácio xiii

CAPÍTULO 1
Voltando para Casa 1

CAPÍTULO 2
Descansando e Confiando no Desconhecido 9

CAPÍTULO 3
Aceitando o que É 19

CAPÍTULO 4
Enfrentando a Tormenta 29

CAPÍTULO 5
Cuidando das Emoções Fortes 39

CAPÍTULO 6
Impermanência e as Cinco Recordações 49

CAPÍTULO 7
Enfrentando Calmamente os Oito Ventos Mundanos 57

CAPÍTULO 8
Equanimidade e Deixar Ir 67

CAPÍTULO 9
Nutrindo o Bem 79

CAPÍTULO 10
Fomos Feitos para Estes Tempos...............................87

Agradecimentos 99
Notas...103
Sobre a Autora...107

PREFÁCIO

Esta é a era da justa redenção
que temíamos desde a iniciação
Não nos sentíamos preparados para sermos os
herdeiros de tão terrível hora
mas no seu seio, encontramos o poder
para escrever um novo capítulo.
Para oferecer esperança e riso a nós mesmos.
Assim, enquanto outrora perguntávamos,
como será possível vencer a catástrofe?
Agora, asseveramos,
Como será possível a catástrofe nos vencer?

— Amanda Gorman,
"The Hill We Climb"[1]

Quero lhe dar minhas cordiais boas-vindas para esta jornada de aprendizado sobre como podemos enfrentar tempos de transição e desafio com clareza e compaixão.[2] Descobri que a prática de estar presente, com o coração aberto, e de aceitar a mudança das circunstâncias da vida tem sido incrivelmente útil ao longo de minhas grandes transições de vida e seus desafios. Duas das transições mais significativas foram me tornar uma monja budista aos 25 anos de idade e, depois, deixar a vida monástica 15 anos mais tarde.

Cresci em uma família inter-racial dentro de uma ordem ecumênica cristã que desenvolveu um novo tipo de monasticismo para famílias focadas na simplicidade e no serviço voluntários para os pobres e marginalizados. Fui criada em uma comunidade residencial em Chicago composta por várias centenas de pessoas locais e diversos milhares globalmente, com a prática espiritual no âmago de nossa vida coletiva. Lembro-me, quando criança, de acordar com o soar do sino às 5h30 diariamente e, depois, ir para o ofício diário e orar às 6h. A partir dos 8 anos de idade, passei quatro anos ricos e impactantes em uma área considerada "uma das maiores favelas da África" nas redondezas de Nairóbi enquanto meu pai estava engajado no trabalho religioso de nossa comunidade para o desenvolvimento rural no Quênia e em outros países do Leste Africano.

Quando criança, no Quênia, alimentei minha paixão pela dança fazendo aulas rigorosas de balé e fui agraciada ao aprender a montar cavalos. Como amava espanhol, aos 15 anos passei um verão no México, e minha experiência com o racismo e a discriminação nos Estados Unidos me levaram a passar um ano como aluna intercambista no Brasil para que pudesse viver em um país cuja relação com a raça fosse mais fluída, e que oferecesse uma experiência poderosa sobre a diáspora africana. Foi lá que comecei a lutar capoeira, a arte marcial afro-brasileira que continuei a estudar até meus 20 e poucos anos, escrevendo meu trabalho de conclusão de curso e minha tese de mestrado sobre essa arte inspirada pelos africanos. Era uma aluna séria e gostava da escola, fui para Stanford, e passei o terceiro ano da faculdade na Universidade Harvard para que pudesse desfrutar a experiência de estar em uma das afamadas universidades negras dos EUA e abraçar minha própria experiência de ser negra. Meus cabelos eram cacheados, usava roupas coloridas e tingidas por batique e experienciei um relacionamento profundamente acolhedor e de amor mútuo durante meus últimos dois anos de faculdade. Nesse período, buscava avidamente a espiritualidade, o que me motivou a explorá-la por meio da meditação e da ioga.

Contudo, terminando o mestrado, senti que havia algo faltando em minha educação. Certa vez, Ram Dass, ao palestrar no campus de Stanford, disse: "Você aprende muitas coisas aqui, mas não aprende como ser feliz." Eu sabia que, apesar de todas as maravilhas assimiladas, ainda ansiava mais, eu precisava aprender a ser feliz e a cuidar do meu sofrimento. Então, passei a viajar com o intuito de encontrar tanto um professor espiritual quanto uma comunidade na qual pudesse aprender a estar à vontade comigo mesma, e não apenas ter o sucesso acadêmico. Aos 23 anos, em Plum Village, França, notara que havia encontrado meu professor assim que vi o mestre zen Thich Nhat Hanh. A simplicidade e a graciosidade com que ele ensinava e praticava o mindfulness eram tão convincentes que cancelei o restante de minha viagem de quatro meses pela Europa para continuar praticando no monastério, e, ao término desse período, tive o desejo de me tornar uma monja. Pensei, *por que não fazer o que é mais importante para mim agora?* Percebi que nunca sabemos quanto tempo viveremos, então quis priorizar aquilo com que mais me importava.

Tornei-me uma monja budista, aos 25 anos, na comunidade de Thich Nhat Hanh, cujos alunos chamam de Thay, ou "professor" em vietnamita (optei por chamá-lo de Thay no restante do livro). Em minha ordenação, doei todas minhas posses materiais, raspei a cabeça, comecei a usar mantos simples e a praticar o celibato. Mudei-me de uma grande cidade nos Estados Unidos para o interior rural da França. Passei a viver com centenas de monges e monjas, a maioria de origem vietnamita, embora o resto viesse de todas as partes do globo. Durante quinze anos, vivi em monastérios em diversos continentes e viajei extensivamente para os EUA, Ásia, África e América Latina para ensinar e praticar mindfulness.

Foi aos 40 e poucos anos, após passar quase toda minha vida adulta como monja, que realizei outra grande mudança, decidi abandonar a prática monástica e começar do zero. Assim, quando muitos amigos de minha juventude já haviam formado família e obtido décadas de experiência em suas profissões, eu estava aprendendo, na meia-idade, a fazer as coisas que eles já vinham fazendo desde os 20 e poucos anos — pagar impostos, usar um smartphone, cuidar de uma casa e namorar online! Foi uma grande transição em muitos níveis: pessoal, social, financeiro, profissional, espiritual e cultural. Estava reinventando completamente minha identidade.

Sejam desejados ou não, os desafios ou transições que enfrentamos podem ser estressantes ou desestabilizadores. Perder um emprego, sentir-se isolado e só e lamentar a morte de um ente querido são coisas indubitavelmente difíceis para todo mundo. Até mesmo os eventos alegres como dar as boas-vindas a um bebê, começar um novo trabalho ou se apaixonar, podem ser disruptivos. Estamos iniciando um novo capítulo de nossa vida e o futuro é incerto. Nossos desafios pessoais não estão desconectados dos maiores desafios e rupturas que nosso mundo está enfrentando neste momento. Não podemos nos separar e ficar impassíveis perante a emergência climática, as ameaças globais à saúde, a crescente desigualdade de renda, as ofuscantes feridas raciais e a sistêmica supremacia branca. Neste livro, aprenderemos maneiras de encontrar a felicidade e a estabilidade estando no centro de tudo isso, para que possamos receber seja lá o que a vida nos trouxer com um coração aberto, uma mente equilibrada e uma ação comprometida. Desenvolveremos presença, coragem e resiliência, as qualidades essenciais para navegarmos por um futuro viável como indivíduos e como espécie.

Mal posso esperar para começar a jornada com você.

Capítulo 1

VOLTANDO PARA CASA

Mas a pedra que o construtor recusa
Será a principal pedra angular,
E não importa o jogo que façam,
Ei, temos algo que eles nunca podem nos tirar;
Temos algo que eles nunca podem nos tirar

— Bob Marley
"Natty Dread Rides Again"

Você já é o que quer se tornar.

— Mestre Lin Chi

Todos nós passamos por momentos de transição, desafios e dificuldades. Podemos ter enfrentado, ou enfrentaremos, momentos de perda, confusão ou mágoa, ao notar que não controlamos a maneira como nossa vida se desdobra, seja em nossa vida pessoal ou no mundo ao nosso redor. Com mindfulness, adquirimos conhecimento para atravessar esses momentos intensos e desafiadores de maneiras que não aumentam o sofrimento e a dificuldade que já estão lá. Podemos até mesmo aprender a abrir nosso coração à riqueza e à sabedoria que estes tempos de imensa ruptura podem nos trazer.

Um passo fundamental para obter calma quando estamos profundamente abalados é voltar para casa, para nós mesmos, neste momento, não importa o que esteja acontecendo. Essa é uma maneira de abordar mindfulness, ou estar presente: *voltar para casa, para nós mesmos.* Quando trazemos nossa mente de volta para nosso corpo, voltamos para casa. Poderíamos considerar tal estado como *nossa verdadeira casa*. Essa casa em nosso interior é um lar que ninguém pode tirar de nós, e não pode ser danificado ou destruído. Independentemente do que aconteça ao nosso redor, se pudermos encontrar essa casa dentro de nós, estaremos sempre seguros.

Quando tocamos essa experiência de voltar para casa, é como se finalmente tivéssemos regressado de uma longa jornada. Experienciamos uma sensação de paz e até de liberdade, não importa o quão limitantes sejam as circunstâncias externas. Voltar para casa, para nós mesmos, nos traz a sensação de pertencimento; é um estado que nos abraça e que nos habilita a abraçarmos os outros.

Isso é muito importante, pois podemos viver nossa vida inteira afastados desse lar dentro de nós mesmos.

Meu professor Thay resume sua vida inteira de ensinamentos com uma frase: "Cheguei, estou em casa." Para ele, o principal objetivo da prática de mindfulness é experienciar que *já chegamos*, aqui e agora. Não há nenhum lugar ao qual precisamos ir correndo, além de estar bem aqui no momento presente. E experienciamos a nós mesmos em casa, sem mais procurar algum refúgio fora de nós, em algum outro lugar ou tempo, quando tocamos a verdade de que tudo que ansiamos e buscamos está aqui, dentro de nós.

Podemos experienciar o encontro com esse lugar espaçoso e livre de nossa verdadeira casa em momentos inesperados à medida que passamos mais tempo nos sintonizando com o que está acontecendo dentro de nós e ao nosso redor.

Certa manhã, quando era uma monja aprendiz, durante uma lenta caminhada após meditar sentada, tornei-me muito presente e consciente de cada passo. Comecei ao perceber que enquanto estava pisando com meu pé esquerdo, também pisava com meu pé direito ao mesmo tempo, visto que meu pé esquerdo não poderia ser sem o meu direito. E vice-versa. Depois, vi que meus braços também estavam contidos em meus pés, assim, também estava pisando com meus braços. E também minhas mãos, meu estômago, meu cérebro, meus órgãos sensoriais, meu coração e meus pulmões. Estava 100% com meu corpo. Sentia o gosto da terra com meus pés, ouvindo-a, olhando-a, sentindo-a, conhecendo-a, cheirando-a com meus pés. Meu coração estava adorando isso, meus pulmões inspirando e expirando.

Então, dirigi minha atenção à Terra e soube que também caminhava em frias vertentes de água que fluíam sob mim, e sobre um líquido quente e flamejante muito mais abaixo, no centro da Terra. Imaginei que caminhava com os pés daqueles que estavam diretamente opostos a nós, no outro lado do planeta. As solas dos meus pés tocaram as solas de um bebezinho que tentava dar seus primeiros passos, e as de uma mulher grávida e de uma velha avó. Meus pés tocaram os pés de uma pessoa isolada e solitária, e os de alguém descontrolado pelo ódio e pela raiva. Também estava caminhando com os pés de alguém que estava justamente fazendo uma meditação caminhada e desfrutando o presente momento. Eu era um com aqueles que caminhavam sobre a Terra e cujos corações estavam repletos de amor e paz.

Se não estivermos conscientes sobre o que acontece neste momento porque estamos presos em nossos pensamentos ou devaneios, ou à mercê da preocupação ou outras emoções fortes, é como se tivéssemos saído de nossa casa. Se ficarmos longe por muito tempo, a poeira se acumula e visitantes indesejados podem assumir a residência de nosso lar. Coisas como estresse e tensão se acumulam em nosso corpo e mente, e com o passar do tempo, se não cuidarmos delas, podem levar a doenças físicas ou psicológicas.

Mas a beleza da percepção é que podemos sempre voltar para casa, para nós mesmos. Nosso lar está sempre lá, esperando-nos retornar. Há inúmeras maneiras pelas quais podemos voltar para casa, para nós mesmos: percebermos nossa respiração, as sensações ou os movimentos corporais e nos conectarmos com a realidade ao nosso redor, como os sons em nosso ambiente. E quando voltamos para casa dessas maneiras, conseguimos avaliar e inspecionar o território de nosso ser, vendo claramente quais partes de nossa paisagem interior precisam de mais apoio, onde devemos prestar mais atenção.

Em tempos de transição e desafio, é especialmente tentador abandonar nossa casa, sair do nosso território em busca de respostas, talvez nos preocupando com o que acontecerá no futuro. É precisamente nesse momento que precisamos retornar ao presente, sentir nosso corpo e cuidar bem de nós mesmos. Pois *o futuro é feito deste momento*. Se cuidarmos bem deste momento, mesmo que seja muito difícil, estaremos cuidando bem do futuro.

Também pode ser difícil voltar para casa se sentirmos que dores não resolvidas se acumularam e não queremos enfrentá-las. Podemos criar o hábito de evitar completamente nossa casa. Não queremos estar com aquelas partes rudes e não processadas de nossa experiência que são dolorosas e que podem ser muito assustadoras.

Caso essa seja nossa situação, é importante termos compaixão por nós mesmos por não sentir desejo de regressar à casa para enfrentar essas dificuldades em nosso interior. E, contudo, a única maneira pela qual podemos curá-las, atravessá-las e transformar nosso lar em um lugar mais aconchegante é nos direcionarmos a elas. Como diz o ensinamento: "a única saída é a entrada." Ou "através de". As práticas que aprenderemos neste livro nos ajudarão a ter a coragem necessária para retornar e colocar a casa em ordem, além de nos oferecerem as ferramentas para tal, para que possamos aprender lentamente a desfrutar o fato de estarmos de volta ao nosso verdadeiro lar.

Como faremos isso? Uma das maneiras é permanecer com o que está aqui e agora, na plataforma da estação de trem por assim dizer, observando os "trens de pensamento" chegarem e partirem, em vez de pular em uma linha de pensamento com direção ao futuro, ou em outra que nos leve ao passado. Aqueles planos, preocupações e ansiedades certamente surgirão em nossa mente, mas podemos aprender a percebê-los e zelá-los em vez de sermos guiados por eles. Focar a respiração ou as nossas sensações nos ajuda a permanecer na plataforma do agora. O passado e o futuro não são os lugares onde podemos voltar para casa, para nós mesmos, e nos suprirmos com os elementos de que precisamos para atravessar nossas dificuldades. Podemos apenas voltar para casa, para nós mesmos, no momento presente, no aqui e agora.

Podemos gastar muito de nosso tempo e energia tentando prever ou controlar o que o futuro nos reserva. Isso em geral não nos serve. Na verdade, não precisamos saber o que o futuro trará. Precisamos apenas estar precisamente neste momento, e se o tocarmos profundamente, com a mente e o corpo unidos, descobriremos que temos tudo de que precisamos para suprir o presente. Não podemos descobrir o necessário para suprir o amanhã ou o próximo mês, pois não controlamos ou conhecemos o futuro, mas descobriremos o que precisamos para o agora.

MEDITAÇÃO

Voltando para Casa

Permita-me praticar junto a você a conexão com a experiência do momento presente. Sente-se, deite-se ou fique de pé em uma posição confortável que o permita estar alerta, mas também relaxado. No início, talvez queira segurar gentilmente este livro em suas mãos e ler as meditações guiadas, mas logo conseguirá começar a meditar sem ele.

Talvez queira programar um timer em seu telefone ou um alarme para dez minutos, se desejar estar ciente quanto ao tempo. A maioria destas meditações é curta, e você pode praticá-las ao longo de seu dia.

Determine se seus olhos estarão abertos ou fechados, se abertos, escolha um ponto alguns metros à sua frente para fixar seu olhar suavemente. Ao longo das meditações deste livro, sempre que vir reticências "...", pode pausar e permitir-se alguns momentos para experienciar silenciosamente as instruções concedidas.

Comece sentindo o contato entre seu corpo e a superfície que o está apoiando. Permita-se descansar nesse lugar, retornando a este momento, aqui e agora. Convide quaisquer partes de si mesmo que podem ainda estar dispersas para retornarem e se acalmarem.

· · ·

Permita-se parar bem aqui em seu corpo e perceber o que está ao redor. Há tensão, relaxamento, alguma dor, prazer ou um sentimento natural? Tanto quanto puder, traga uma atitude de abertura a tudo que encontrar, sem julgar sua experiência. Sempre que perceber que sua mente está distraída com pensamentos, traga-a de volta gentilmente para seu corpo, para o que está bem aqui.

· · ·

Estabeleça a intenção de regressar à casa, a si mesmo, de estar presente para si. Você merece esse cuidado, você é precioso e único, no mundo inteiro não há ninguém mais que traz a precisa combinação de dons que você possui. Permita-se chegar aqui o mais plenamente possível. E acolha em casa as suas muitas partes.

· · ·

Talvez esteja começando a se sentir estabelecido na casa em seu interior: o lugar de sua força, sabedoria e clareza. Um espaço que é confiável e capaz de lhe prover o refúgio em meio à tempestade. Mas se ainda não está sentindo, mantenha-se consciente de suas sensações corporais, dos sons ou de sua respiração. Uma sensação de regresso à casa será desenvolvida. Talvez não ocorra na primeira vez que medita, mas à medida que se torna mais sintonizado consigo mesmo, descobrirá que esteve em casa durante todo esse tempo.

. . .

Se for de ajuda, pode repetir internamente:

Cheguei. Estou em casa.

Também pode conectar as palavras com sua respiração:

Cheguei, com a inspiração.
Casa, com a expiração.

. . .

Cheguei ao momento presente, ao lar em meu
interior,
tal qual estou.
Cheguei, cheguei,
em casa, estou em casa,
habitando no aqui e habitando no agora.
Sólido como uma montanha, livre como uma nuvem
branca,
a porta para a inexistência de nascimento e morte
está aberta,
livre e inabalável.

— Música de Plum Village[*]

---

[*] Arrived in the present moment, home in myself; just as I am. Arrived, arrived; at home, I am at home; dwelling in the here and dwelling in the now. Solid as a mountain, free as a white cloud; the door to no birth and no death is open; free and unshakeable. Você pode ouvir as músicas deste livro no site de Plum

Quando seu timer tocar, pode olhar lentamente ao redor de seu espaço e gentilmente se esticar.

Na Vida Diária

Você também pode tentar introduzir essa prática em seu cotidiano, e não apenas na meditação. Ao beber seu chá, ficar parado no trânsito ou esperar na fila, pode praticar voltar à casa para se conectar com sua experiência no momento e chegar ao seu verdadeiro lar, dizendo a si mesmo mesmo, *"Cheguei, estou em casa"*. Lembrando que o endereço de sua verdadeira casa é bem aqui e agora.

• • •

Neste primeiro capítulo, exploramos a como o mindfulness pode nos ajudar a voltar para casa, para nós mesmos, em tempos de desafios e transições, e como essa casa está sempre disponível para nós. Praticamos experienciar o lar em nosso interior ao estarmos presentes para nós mesmos e nossas sensações corporais, não importa onde estivermos. Começamos a tocar uma sensação de refúgio dentro de nós.

PARA REFLETIR

Como foi sua experiência na sua verdadeira casa?

Como encontra seu caminho para lá?

O que lhe foi útil ao descobrir sua verdadeira casa?

Qual apoio precisaria para visitar sua verdadeira casa regularmente?

Village na seção "Music". Ouça à música "Arrived" em https://plumvillage.org/library/songs/arrived/.

Capítulo 2

DESCANSANDO E CONFIANDO NO DESCONHECIDO

Quando um gato cai de uma árvore, ele se solta. O gato fica totalmente relaxado e pousa levemente no chão. Porém, se ele estivesse prestes a cair da árvore e, de repente, decidisse que não gostaria de cair, ficaria tenso e rígido, e seria apenas um saco de ossos ao pousar.

É a filosofia do Tao que no momento em que nascemos, somos chutados rumo a um precipício, entramos em queda, e não há nada que possa parar isso. Então, em vez de viver em um estado de tensão crônica e se agarrar a todos os tipos de coisas que, na verdade, também estão caindo conosco, visto que um mundo todo é impermanente, seja como um gato.

— Alan Watts, *O que É Tao?*

Você tem a paciência para esperar
até que sua lama assente e a água esteja limpa?
Consegue permanecer imóvel
até que a ação certa surja por si só?

— Lao Tzu

Durante meus quinze anos como monja, era comum ouvir as pessoas perguntando a Thay o que fazer ao enfrentar grandes decisões da vida, como qual carreira seguir, se deveriam se separar ou continuar com seu parceiro ou se a ordenação como monásticas era o caminho. Thay normalmente dizia, "Não tente encontrar a resposta ao pensar sobre o assunto." Quando ficamos pensando sem parar sobre uma pergunta, em geral não atingimos a sabedoria real, em geral nos cansamos facilmente e ficamos ainda mais confusos ou ansiosos.

Tais perguntas mais profundas da vida não podem ser resolvidas na mente, mas devem ser confiadas a uma parte diferente e mais profunda de nossa consciência. Thay sugere que consideremos essas grandes questões como uma semente: plante-a no solo de sua mente e deixe-a descansar ali. A prática do mindfulness em nossa vida diária representa os raios de sol e a água de que a semente precisa para brotar, para que um dia cresça sozinha, em seu próprio tempo. E, assim, saberemos a resposta à nossa pergunta, sem sombra de dúvidas.

No entanto, devemos deixar a semente sob o solo de nossa mente em vez de cavar à procura de raízes crescendo. Ela não crescerá dessa forma! O mesmo ocorre com uma questão profunda e inquietante. Pedimos que nossa consciência mais profunda cuide dela, nos livrando de pensar e se preocupar com a mesma. Então, em nosso cotidiano, praticamos a calma, o descanso e a volta para casa, para nós mesmos no momento presente, e isso ajudará a semente de nossa pergunta a amadurecer de forma natural e autêntica. Este processo não pode ser apressado ou forçado. Pode levar semanas, meses ou anos. Mas podemos confiar que a semente está "lá embaixo", sendo cuidada por nossa consciência mais profunda, e um dia, brotará uma resposta clara.

Na psicologia budista, essa parte de nossa mente é chamada de *consciência de armazenamento*. Ela tem a função de conservar nossas memórias e os diversos estados mentais que podemos experienciar de forma latente e dormente. (Compartilharei mais sobre isso no Capítulo 5). Por exemplo, talvez você tenha tentado resolver um problema ou encontrar uma resposta para algo que o deixa perplexo. Você pensa bastante e não tira isso da cabeça, mas sente que não está chegando a lugar nenhum. Então, você abre mão do problema e, quando menos espera, uma inspiração ou ideias úteis lhe vêm em um momento de descanso, e você simplesmente sabe o que fazer. É a consciência de armazenamento operando. Ela está trabalhando no problema por você enquanto sua consciência do dia a dia descansa. A consciência de armazenamento funciona de forma muito natural e fácil, além de ser muito mais eficiente do que nossa mente pensante. Quando a sabedoria surge da consciência de armazenamento, nosso corpo se sente bem com ela e não temos mais dúvidas.

Às vezes, esperar uma resposta pode ser desafiador, já que realmente ansiamos por ela. Talvez estejamos nos sentindo profundamente inseguros e temerosos por não saber o que fazer, qual caminho escolher. Preocupamo-nos se faremos a escolha errada e catastrofizamos o que acontecerá se seguirmos esta ou aquela direção. É difícil encontrar o caminho alimentando essa preocupação e esse medo. Podemos reconhecer que não estamos ajudando a situação e parar. Ao voltarmos para o momento presente e ancorarmo-nos em nosso corpo, sentiremos a solidez da casa em nosso interior, que é capaz de nos ajudar a encontrarmos nosso caminho, apenas se permitirmos e se abrirmos mão de tentarmos descobrir o futuro em nossa mente.

Há alguns anos, estava tentando discernir se deixava ou não a vida monástica após ter vivido como uma monja dos 25 aos 40 anos. Durante esse tempo, por diversos anos consecutivos, participei de retiros silenciosos na Sociedade de Meditação Insight (Insight Meditation Society – IMS), em Massachusetts. Esses retiros duravam seis semanas ou três meses, e durante o tempo todo, permanecia na área do retiro, sem me engajar com o mundo, mas apenas voltando para casa, para mim mesma. A primeira meditação começava no salão às 5h e, em seguida, havia um ritmo alternante de 30 a 60 minutos de meditação sentada e caminhada, pontuada por um período de trabalho, instruções da equipe de professores e refeições deliciosas – incluindo o aroma de dar água na boca do pão fresquinho no jantar. Os poucos momentos do dia em que eu não estava em prática formal se resumiam a um curto intervalo após o almoço e a uma caminhada rápida de uma hora pelo bosque ou fazendo a volta de quase 5km pelas ruas do interior que sempre incluíam momentos de reflexão ao lado de um lago tranquilo. Estar em silêncio, praticamente sem qualquer interação social exceto durante um breve encontro com um professor a cada poucos dias, deu-me o espaço e o tempo para ficar mais próxima de mim mesma, visto que não havia outras distrações. Foi importante pausar tal experiência para me observar profundamente e permitir que minha consciência tomasse seu tempo para encontrar o caminho.

Quando decidi ser ordenada como monja, no meu coração estava assumindo um compromisso vitalício. Então, era doloroso e confuso ver-me questionando esse voto que, presumia, levaria por toda minha vida. Naquele momento de transição, não sabia mais quem eu era tampouco fazia ideia de quem poderia me tornar. Estava no meio de um processo, como a lagarta que deve dissolver-se completamente na crisálida para se tornar uma borboleta. Foi aterrorizante e extremamente desconfortável, quando queria respostas e clareza, quando estava acostumada a saber quem eu era e aonde estava indo.

Joseph Goldstein foi um dos meus professores nesses retiros na IMS. Quando compartilhei com Joseph como era angustiante me ver sem qualquer fundamento sólido, ele mencionou o livro de Alan Watts, *A Sabedoria da Insegurança*.[3] Watts destaca que quando estamos certos e seguros sobre o que estamos fazendo, ficamos menos abertos às muitas outras possibilidades disponíveis. Mas quando nos permitimos estar na esfera do não saber, perceberemos que há um enorme potencial e a vida pode se desdobrar de inúmeras maneiras. Portanto, em vez de evitar e temer esse lugar de incerteza, podemos abraçá-lo com todos seus presentes.

O que encontrei naqueles longos e silentes retiros não foi uma resposta ao meu dilema quanto a deixar ou não a vida monástica ou continuar como monja, mas a habilidade de habitar cada vez mais confortavelmente na experiência do não saber. Aprendi a permitir que a semente de minha dúvida descansasse nas camadas profundas de minha consciência. Pude tocar a paz, a alegria e o bem-estar em pleno não saber, dificuldade e confusão. Aprendi a abrir mão do medo e da resistência no exato momento em que dissolvia e perdia minha identidade.

Ao desacelerar, escolhendo repousar na incerteza em vez de combatê-la, experienciei uma sensação de espaço, precisamente nos momentos em que parecia que não havia como continuar em frente e seria totalmente esmagada. Se pudermos inspirar e expirar, colocando nossa mente integralmente em nossa respiração, ou sentir nosso corpo e colocar toda nossa atenção nas sensações que nele sentimos, poderemos criar esse espaço. Diminuímos o ritmo das coisas e permitimos que nosso sistema nervoso se reequilibre e encontre seu centro. Talvez a situação externa não mude, mas nós mudamos em relação a ela. Se pudermos parar, teremos a chance de tocar algo mais profundo do que a opressão. Pausar ajuda a semente de nossa dúvida a maturar e amadurecer na orientação e direção de que precisamos.

À vista disso, nossa cultura — sociedade — está se dissolvendo. Estamos entrando coletivamente na crisálida, e as estruturas das quais dependíamos e com as quais nos identificávamos estão se quebrando. Estamos em um casulo e não sabemos como será a próxima fase. Aprender a nos entregar ao desconhecido em nossa própria vida é essencial para nosso aprendizado coletivo. Precisamos disso para atravessar este tempo de mudanças, rupturas e colapsos cada vez mais rápidos.

MEDITAÇÃO

Descansando e Confiando no Desconhecido

Para praticar, encontre uma posição confortável, sentado, em pé ou deitado. Conecte-se com seu corpo, percebendo se ele está em contato com a cadeira ou o chão. Permita-se descansar de alguma forma e realmente sentir o suporte do que o estiver segurando. Sempre que expirar, permita que seu corpo descanse ainda mais sobre o suporte da Terra.

. . .

Permita que seu rosto se descontraia, soltando a testa, os músculos ao redor dos olhos, a mandíbula...

Deixe a língua descansar na boca...

Esteja consciente de seus ombros e, ao expirar, permita que fiquem descontraídos...

Atente-se ao peito e à barriga, permitindo que se soltem e descontraiam na próxima expiração...

Perceba seus braços e mãos e, com a próxima expiração, deixe-os ficar um pouco mais pesados, soltando a tensão...

Sinta suas pernas e pés, e quando exalar, solte, descontraia e deixe ir...

Sinta seu corpo inteiro enquanto inspira e expira, permitindo que cada parte dele se descontraia e solte seu peso ainda mais sobre a Terra...

. . .

Agora, traga à mente alguma pergunta ou desafio que está enfrentando... perceba como se sente a respeito e a força que carrega para resolvê-los sem tentar encontrar uma resposta ou uma solução, veja a pergunta ou o desafio como uma semente que você está confiando ao solo de sua mente, lá embaixo nas profundezas apenas permita que ela repouse lá, pacífica e silenciosamente permita-se descansar no desconhecido, convidando seu corpo para, bem levemente, de fato descansar e se recostar. Conceda a si mesmo a reconexão com o sentimento de ser abraçado pela Terra, você pode descansar sobre ela, assim como essa pergunta pode descansar nas profundezas de seu ser embora possa ser assustador não saber, também há possibilidades infinitas aqui respire algumas vezes profundamente sinta seu corpo, ajustando-se, presente e dê à semente a permissão de tomar o tempo necessário para brotar em uma resposta confie em sua própria consciência para lhe mostrar o caminho quando for a hora certa.

É possível praticar a respiração consciente (mindful) com as seguintes palavras:

> *O Buda* está em mim*
> *Tenho confiança*

E, se for de ajuda, será bem-vindo ao usá-las com sua respiração:

> *Inspirando, o Buda está em mim,*
> *Expirando, tenho confiança.*

Elas significam que a capacidade de despertar é sua natureza. Você pode confiar nisso.

Permita-se respirar e abrir-se a essa verdade de sua própria habilidade para acessar o presente, a sabedoria, a paciência e o alívio mesmo em meio à incerteza. Você consegue fazer isso.

> *Confiança, resiliência e sabedoria são minha*
> *natureza,*
> *Tenho confiança*

---

* Nesta prática, você pode substituir "o Buda" por "sabedoria e compaixão" ou "o Cristo" ou qualquer outra palavra ou nome sagrados.

· · ·

*Entrego a mim mesmo, entrego a mim mesmo para
a Terra,
para a Terra, e ela se entrega para mim.*

— Música de Plum Village[**]

Na Vida Diária

Você pode levar essa qualidade de descanso para seu cotidiano.
Quando perceber que está se curvando ao futuro, ficando tenso,
tentando prever o que acontecerá, esforçando-se para descobrir
o que fazer, esteja sozinho ou com outras pessoas, veja se pode
de fato descansar *fisicamente*. Expanda a frente de seu peitoral,
deixe os braços soltos ao seu lado e recline-se suavemente. Isso
pode dar suporte à sua mente para que descanse, descontraia-se
e deixe ser, mesmo que por um curto momento e até qual nível
conseguir.

· · ·

Neste segundo capítulo, analisamos como podemos permitir
que as questões ou desafios profundos de nossa vida descansem
como uma semente no solo de nossa mente; podemos nutrir a
semente por meio da prática diária de mindfulness, confiando
que quando ela estiver pronta, brotará por si só e saberemos o
que fazer para resolver nossa pergunta ou dificuldade.

[**] "Trust, resilience, wisdom is my nature; I have confidence. I entrust myself,
I entrust myself, to the Earth; to the Earth, and she entrusts herself to me.
Música disponível em: https://www.thaiplumvillage.org/song

PARA REFLETIR

Há uma pergunta significativa de vida que você tem em sua mente ou em seu coração que está tentando resolver?

Como pode abrir mão de pensar sobre ela para que sua consciência mais profunda possa cuidar por você e levá-lo a um insight sobre isso?

Consegue confiar que a resposta virá e que tem o necessário para que a semente brote?

Capítulo 3

ACEITANDO O QUE É

Quando eu era inexperiente, não conseguia entender. Se o mundo está repleto de sofrimento, por que Buda tem um sorriso tão bonito? Por que ele não está incomodado com tanto padecimento? Mais tarde, descobri que o Buda tem compreensão, calma e força suficientes; é por isso que o sofrimento não o oprime. Ele consegue sorrir para a dor, pois sabe como cuidar e transformá-la. Precisamos estar conscientes do sofrimento, mas reter nossa clareza, calma e força para que possamos ajudar a transformar a situação. O oceano de lágrimas não poderá nos afogar se *karuna* [compaixão] estiver lá. É por isso que o sorriso de Buda é possível.

— Thich Nhat Hanh, *Ensinamentos sobre o Amor*

Uma das coisas que podem tornar os tempos de transição e desafio mais difíceis é a resistência às mudanças que nos atingem ou os pensamentos negativos acerca da nossa vida ou de nós mesmos em situações árduas. Podemos acreditar que a vida não deve ser assim. Que se nos planejarmos e prepararmos com cuidado suficiente, agirmos de uma maneira meticulosamente organizada ou seguirmos todas as regras poderemos estar no controle e as circunstâncias da nossa vida permanecerão suaves e previsíveis.

Porém, as transições e os desafios são uma parte da vida. Não são errados ou ruins. No ensinamento mais essencial de

Buda sobre as Quatro Nobres Verdades, ele compartilha sua descoberta de que o sofrimento é uma parte da vida, e que não há como escaparmos dele. Essa é a primeira Nobre Verdade, e reconhecê-la pode nos ajudar a sofrer menos. Se pudermos aceitar onde estamos e não julgar a ruptura em nossa vida como algo errado ou ruim, conseguiremos experienciar uma grande liberdade. E isso se dá porque não funciona lutar contra o que é. Como diz o ditado, "aquilo a que resistimos, persiste."

Em *A Essência dos Ensinamentos de Buda*, Thich Nhat Hanh escreve: "precisamos do sofrimento para enxergar o caminho... Se tivermos medo de viver nosso sofrimento, não conseguiremos perceber o caminho da paz, da alegria e da libertação. Não fuja. Experiencie seu sofrimento e abrace-o. Faça as pazes com ele."

Adoro a série norte-americana *This Is Us*. Em um episódio da quarta temporada, a personagem Rebecca Pearson, matriarca da família, decide aceitar seu recente diagnóstico de Alzheimer, de modo a parar de sentir medo ou de se preocupar com o que perderá, e começa a viver sua vida da forma mais profunda possível enquanto ainda pode. Ela faz as pazes com a tragédia de sua doença e decide aproveitar o tempo que lhe resta.

Thay dizia com frequência: "um verdadeiro praticante não é alguém que não sofre, mas alguém que sabe como lidar com seu sofrimento." Poderíamos dizer que o que mede nossas realizações ou sucesso não são os altos e baixos, mas a possibilidade de surfar as ondas!

Fui ordenada como monja em 1999. Estava vivendo em Plum Village* há um ano com outras mulheres leigas e tinha meu espaço, minha liberdade. De alguma forma, esperava que quando fosse ordenada, me tornaria uma monja angelical e totalmente pacífica e feliz. Mas, quando me tornei monja,

---

* Comunidade de Budismo Engajado na tradição de Plum Village. https://plum-village.org/ [N. da E.]

comecei a viver com as irmãs em seus alojamentos mais cheios. Havia uma irmã com a qual me sentia desconfortável, e agora não tinha como evitá-la. Encontrava-a no banheiro, na sala comunal e no refeitório. E, de repente, percebi que estava sofrendo mais e sentindo mais raiva do que quando era leiga. Pensava que seria exatamente o contrário! Inicialmente, resisti a esse novo desenvolvimento, achando que havia algo de errado comigo. Porém, depois de um tempo, percebi que era exatamente por isso que fora ordenada, para que essas emoções difíceis surgissem de modo que pudesse enxergá-las claramente e aprender como cuidar delas. Caso não surgissem, eu não conseguiria trabalhá-las e transformá-las. A imagem da vida monástica como livre de toda dor foi rapidamente substituída pela realidade de uma vida que me daria a oportunidade de ser uma boa praticante de mindfulness – não por evitar meu sofrimento, mas por aprender a cuidar bem dele.

Descobri que isso também é verdade em minha nova vida, após o monastério. Um relacionamento amoroso e comprometido, uma casa bonita e confortável e uma vocação gratificante e significativa são coisas pelas quais sou imensamente grata e, contudo, não são um escape de tudo aquilo que precisa ser compreendido e transformado em mim. As dificuldades, tanto internas como externas, continuam sendo um fato da vida, e me abrir a elas, em vez de julgá-las como sendo erradas, sempre me leva a uma maior tranquilidade.

A atitude da aceitação é libertadora quando a aplicamos não apenas para nosso sofrimento pessoal, mas também para o sofrimento do mundo. Certa vez, quando era uma jovem monja e estava praticando uma meditação guiada clássica de Plum Village, cheguei ao exercício final, "inspirando, habito no momento presente; expirando, sei que este é um momento maravilhoso." De repente, vi-me presa ao realizar a prática, questionando como poderia afirmar verdadeiramente que aquele era "um momento maravilhoso" com toda a violência, ódio, desigualdade e tragédias evitáveis que estavam acontecendo no momento presente em todo o mundo. Foi um momento da verdade, de sentir-me genuinamente perdida após ter praticado essa meditação por alguns anos, mas agora percebendo que não havia percebido seu significado mais profundo.

Demorei-me naquela dúvida e comecei a ver que mesmo com todo o sofrimento e dor, há muita gente apoiando os outros no momento presente. Há muitos corações compassivos abrindo-se para aliviar o sofrimento, cuidar dos outros, ensinar e mostrar um caminho diferente. Há pessoas que são corajosas e defensoras do que acreditam ser o certo, protegendo nossos oceanos, limpando rios e praias, defendendo os oprimidos. Em todos os cantos do planeta, há aqueles que estão fazendo silenciosamente as coisas que ninguém mais quer fazer: cuidar das pessoas, espécies e lugares esquecidos e fazer o que precisa ser feito.

Quando foquei essa outra parte do panorama mais amplo, consegui tocá-la. Sim, o presente momento também é maravilhoso. Enxerguei que o sofrimento não precisa desaparecer para que a beleza esteja lá. Que a vida é sobre todas essas coisas. Foi um momento de cultivar a aceitação e a inclusão, abrindo-me para abraçar tudo, todos os paradoxos. A realidade é que há terror e dor enormes, bem como amor e sabedoria gigantes. Tudo isso está aqui, coexistindo neste momento.

Há um ensinamento que diz: "a dor é inevitável, mas o sofrimento é opcional." Todo mundo tem dificuldades, ninguém está imune a isso, mas como reagimos, depende de nós. O Buda ensinou que quando a dor nos alcança, é como se fôssemos atingidos por uma flecha. Mas quando resistimos a nossa dor, quando ficamos presos culpando e julgando, estamos atirando uma segunda flecha contra nós mesmos, atingindo o mesmo lugar, e é muito mais dolorosa que a primeira.

Ajahn Chah, monge e professor da Tradição Tailandesa das Florestas, perguntou a seus alunos certo dia quando passaram por uma grande pedra:

– Vocês acham que a pedra é pesada?

Seus alunos responderam:

– Sim, é extremamente pesada.

Então, Ajahn Chah disse:

– Só se você tentar levantá-la!

Portanto, podemos evitar levantar pedras desnecessariamente quando abrimos mão de lutar contra os desafios em nossa vida. Se podemos mudar algo, devemos fazê-lo, sem reclamar, julgar ou culpar. Mas se não podemos fazer nada para mudá-lo, podemos aprender a aceitá-lo. Shantideva, monge e estudioso budista indiano do século VIII, colocou da seguinte forma: "Por que se preocupar se pode fazer algo a respeito? E por que se preocupar se pode fazer nada a respeito?"

Kittisaro, professor da tradição Vipassana e meu mentor, compartilhou a seguinte história em uma entrevista para a revista *The Sun* sobre aceitarmos o que é, mesmo quando as circunstâncias são difíceis.

> A doença não era o professor que eu teria escolhido, mas não havia nada que pudesse fazer a respeito. Até aquele momento, havia conseguido basicamente conquistar tudo que quisesse por meio da força de vontade, do estudo e da persistência. Tinha a capacidade de dobrar as circunstâncias aos meus desejos. Meu senso de identidade estava intimamente conectado com meu sucesso.
>
> Então, passei anos lutando com dor crônica, fraqueza avassaladora, distúrbios digestivos, sangramento intestinal e assim por diante. Embora me consultasse com médicos e curandeiros e realizasse miríades de tratamentos, não conseguia superar a doença. Sem poder participar da rotina monástica normal, sentia-me

um fracasso. Felizmente, o Buda ensinou que a doença, a velhice e a morte são mensageiras celestiais, e que viver na negação de tais verdades resulta em sofrimento. Minha doença me ensinou a morrer – quer dizer, como me entregar ao que não posso mudar, e como fazer as pazes com os estados que encontrei de dor e confusão em meu corpo e mente. Minha capacidade de paciência se aprofundou, e nos momentos que não sentia pena de mim mesmo ou que desejasse que minha vida fosse diferente, descobri que há uma parte mais profunda de nós que nunca adoece, que nunca morre. Que a doença implacável, recusando-se a seguir minhas ordens, me levou a um lugar onde perdi tudo que pensei que era. Então, descobri o que permanece, aquilo que ninguém pode nos tirar.[4]

Podemos abrandar quando nos deparamos com a incerteza. A aceitação é uma prática profunda de entrega, de abrir mão e de inclinar-se para frente. Não de resistir ou se endurecer. Convido-o a praticar conscientemente isso agora em seu corpo. O que, em vez de resistir, você poderia abrandar e aceitar neste momento?

MEDITAÇÃO

Aceitando o que É
Vamos começar nossa prática encontrando uma posição confortável de dignidade e alívio.

Vamos realmente assumir nosso lugar, realmente ocupar este momento. Se há partes de nós mesmos em outros lugares, em outros tempos, presente ou futuro, convide-as para voltar. Estaremos aqui, estaremos agora. Acomodando-nos para estarmos apenas aqui. Com todo o tumulto que pode haver em sua vida, você ainda pode inspirar e expirar, com presença, lembrando-se de si mesmo.

Sinta o contato entre seu corpo e o solo, seja por meio das solas de seus pés ou por meio de suas pernas, sabendo que a Terra o está suportando neste momento.

Permita que a inspiração e a expiração fluam naturalmente. Sinta como o fôlego chega, o que acontece quando inspira. Sinta como a expiração faz exatamente o que faz, de forma bem natural.

> *Inspirando, consciente do corpo. Expirando,*
> *permitindo que o corpo descanse, acalmando-o.*
> *Consciente do corpo com a inspiração.*
> *Acalmando-se,*
> *descansando com a expiração.*

· · ·

Se perceber que sua mente começa a divagar em pensamentos, planejamentos e preocupações, reconheça o que está acontecendo, sabendo que pode retornar seu foco a seus pensamentos mais tarde. Por ora, engaje-se novamente com o exercício de participar deste momento.

Inspire e abra-se à percepção de que este momento é suficiente, que aquilo de que precisamos já está aqui. Ao expirar, pratique aceitar que a vida é como é neste momento. Permita que ela esteja aqui, tal como é. Inspirando a sensação de suficiência, contentamento, que as coisas estão bem, aqui e agora, que não precisamos de mais nada. Expirando a aceitação de como as coisas são.

Inspirando em suficiência, expirando em aceitação

· · ·

Se estiver se sentindo muito corajoso hoje, talvez queria tentar o seguinte exercício, inspirando as seguintes palavras com percepção:

> *Inspirando, habito no momento presente.*
> *Expirando, vejo que este é um momento*
> *maravilhoso.*
> *Momento presente, momento maravilhoso.*

Absorva a plenitude da vida, as muitas verdades deste momento. Afirme sua beleza e maravilha em meio a toda a dificuldade e sofrimento.

Assim, praticamos aceitar nossa situação como ela é, independentemente do estranhamento, do desconforto, do sofrimento, da perda ou do luto.

Podemos nos abrir a ela, não resistindo-a ou empurrando-a para longe. Isso ajuda a aliviar a dor imediatamente. Permita que seu corpo suavize fisicamente a resistência, a tensão, a culpa ou o julgamento desta situação. Sentamo-nos em aceitação, sem nos atingir com uma segunda flecha...

> Amigo silente que chegou tão longe,
> sinta como sua respiração cria mais
> espaço ao seu redor.
> Permita que esta escuridão seja um campanário
> e você o sino. Ao soar,
> o que lhe bate se torna sua força.
> Movimente-se para trás e para frente, mudando.
> Como se sente, com tal intensidade de dor?
> Se a bebida é amarga, transforme-se
> em vinho.
>
> — Rainer Maria Rilke[5]

Na Vida Diária

Você pode levar esta prática de aceitação para a vida diária ao praticar distinguir a primeira flecha, ou a dor original de uma experiência difícil, da segunda flecha, ou o sofrimento que segue quando resistimos a ela. Quando desafios como decepção, solidão, doença ou perda chegarem, veja se consegue abrir-se à dor original dessa experiência com aceitação, sem resistir, para que possa evitar atingir-se com a segunda flecha do julgamento, da culpa e da reclamação.

Você pode explorar estabelecer a intenção de aliviar conscientemente seu corpo quando perceber que está endurecendo em resistência ao que é.

$$\bullet \ \bullet \ \bullet$$

Nesta terceira lição, exploramos a possibilidade de enfrentar os desafios com aceitação, sem evitar ou resistir à dor, mas aprendendo a nos abrir a ela. Praticamos a conexão com nossa experiência e permitimos que ela seja exatamente como é.

PARA REFLETIR

Como tende a reagir à primeira flechada da dor
ou da dificuldade?

Como gostaria de reagir?

O que o apoiaria para mudar sua reação?

Já experienciou aceitar ou abrir-se à sua
dificuldade?

O que aconteceu quando conseguiu fazer isso?

Capítulo 4

ENFRENTANDO A TORMENTA

Devo me comprometer a amar e respeitar a mim
mesmo como se minha vida dependesse do au-
toamor e do autorrespeito.

— June Jordan

A maioria de nós caminha sem correntes, contudo, não somos livres. Estamos amarrados
aos arrependimentos e às tristezas do passado.
Retornamos a ele e continuamos a sofrer. O passado é uma prisão. Mas agora você tem a chave
para abrir a porta e chegar ao momento presente. Você inspira e traz sua mente para casa em
seu corpo, você dá um passo, e chega no aqui e
no agora.

— Thich Nhat Hanh, *A Arte de Caminhar*

Nos últimos anos como monja na comunidade Plum
Village, passei por um momento de real crise existencial
envolvendo o que deveria fazer da vida. Estava considerando
se deixava o monastério, que, como já mencionei, era uma
questão enorme sobre meus ombros. Havia passado toda
minha vida adulta como uma monástica e tinha identidade e
função definidas como uma monja mais velha na comunidade.
Ao contemplar um futuro fora do monastério, via claramente
que não havia um caminho à minha frente: sem trabalho,

sem relacionamento, sem comunidade, sem lugar para morar, ou seja, sem nenhuma segurança. E, contudo, não conseguia mais permanecer nos mantos monásticos apenas porque eram confortáveis e conhecidos. Algo estava me chamando, e não poderia ignorar.

Na época, estava vivendo em nosso centro na Alemanha, onde estávamos prestes a sediar dois grandes retiros com cerca de mil pessoas cada. Previamente, havia me envolvido muito para ajudar a organizar esses retiros anuais, mas agora parecia que não conseguia sequer estar presente neles, pelo grau de confusão que sentia quanto ao meu caminho. Assim, perguntei a minhas irmãs se poderia ir a Plum Village, nosso monastério na França, durante a correria dos retiros. Elas não acharam que fosse uma boa ideia e me recomendaram perguntar diretamente a Thay.

Fui a ele e disse:

– Não tenho espaço interior e não consigo me ver permanecendo aqui para os retiros. É demais para mim.

Ele me ouviu silenciosamente, algo que sempre faz, e então, disse:

– Sim, entendo tudo que está dizendo, *e* você pode permanecer aqui.

Ou seja, você é capaz de ficar.

Pressionei, insistindo:

– Mas está tão apertado em meu interior. Estou totalmente pressionada contra uma parede.

E ele respondeu:

– É exatamente neste momento que você se refugia nas práticas básicas de mindfulness de sentar-se, respirar e estar consciente de cada passo. Sempre que caminhar, estará consciente de que está dando este passo; ao inspirar, estará consciente de que está fazendo isso.

Conforme ouvia-o falar, comecei a relaxar e perceber que ele estava certo. Ele via uma capacidade em mim que eu não conseguia enxergar. Entendi que realmente conseguiria ficar para os retiros. Ele deixou claro para mim que eu não precisava estar na linha de frente, sob os olhares públicos, facilitando um grupo de compartilhamento, fazendo anúncios etc, mas que poderia apenas permanecer e estar lá com a comunidade. Eu estava disposta a tentar.

Depois disso, as coisas se tornaram muito mais maleáveis. Thay havia me dado um grande presente com aquele ensinamento; ao me recordar sobre as práticas básicas de caminhar e respirar com atenção plena, ele me ajudou a enfrentar aquela tormenta. E minha experiência em ambos os retiros acabou sendo afirmante e empoderadora. Não tive grandes responsabilidades no primeiro retiro, mas fui nutrida com a energia da comunidade e participei de todas as atividades. No segundo, estava pronta para facilitar um grupo. Pude experienciar a beleza de fazer parte de um corpo maior de pessoas praticando mindfulness e percebi que tinha a capacidade de perseverar e encontrar meu centro bem no meio da crise e da confusão. Não teria aprendido isso sobre mim mesma se tivesse fugido.

Podemos mudar nossa experiência de opressão com essa prática básica de estarmos com o que está aqui e agora. Grande parte de tal opressão e do estresse vem de tudo aquilo que tememos que possa acontecer no futuro. Porém, neste momento, bem aqui, há a habilidade de reconhecermos o medo, de estarmos com ele e de não sermos engolidos por ele. Há o "não medo", e podemos tocá-lo. Se estivermos correndo, então é o medo que está controlando o espetáculo. Mas se pararmos, temos a chance de tocar algo mais profundo que a opressão.

Assim, gostaria de convidar todos a fazermos as práticas básicas das quais Thay me recordou para que eu retornasse àquele momento tormentoso na Alemanha. A primeira é a respiração pela barriga.

Imagine uma grande árvore em uma tormenta. Sua copa movimenta-se violentamente por causa do vento, mas se voltar seu olhar para baixo, verá que seu tronco está firme e muito sólido. É a mesma coisa conosco. Em momentos de tumulto emocional, é perigoso ficarmos no nível de nossa mente, nos galhos mais altos. Alimentar os pensamentos de ansiedade, raiva ou desespero pode nos envolver em problemas sérios. Em vez disso, podemos direcionar nossa atenção para baixo, para nossa barriga, o tronco de nossa árvore, que é estável e firme. Lá, estaremos seguros. Conduzimos nossa consciência para nossa barriga e não permitimos que nossa atenção fique presa no balançar violento dos galhos superiores de nossa mente pensante. Pelo menos não até que se acalmem e a tormenta tenha passado.

MEDITAÇÃO

Respiração pela Barriga

Tentemos fazer isso. Encontre uma forma confortável para deitar-se de costas, seja no chão ou em sua cama. Pode ser útil colocar um objeto sobre seu abdômen: um livro grande, um pacote de meio quilo de arroz, uma garrafa com água quente ou uma almofada que pese algumas gramas. Apenas use o peso se sentir-se confortável. Embora seja mais fácil fazer esta prática deitado, você também pode realizá-la sentado ou em pé, sem o peso.

Comece a sentir sua respiração entrando e fluindo para fora. Perceba como sua barriga sobe na inspiração, e desce na expiração. Concentre toda sua atenção à subida e descida de sua barriga. Subindo e descendo.

Caso sua mente fique aprisionada no tumulto de pensamentos ou emoções fortes, traga-a de volta gentil e bondosamente, para descansar na sensação de sua barriga subindo e descendo, subindo e descendo. Apenas isso. O objeto sobre sua barriga pode lhe dar uma sensação mais forte da pressão para que permaneça focado no contato entre ele e sua barriga, seguindo seus movimentos ondulares. Ao inspirar, a onda chega; ao expirar, ela volta para o mar. A onda chega, a onda volta para dentro e para fora Permaneça aqui por alguns minutos ou mais – conforme precisar – até que a tormenta tenha passado.

Quando estiver pronto, retorne gentilmente ao momento presente.

• • •

Esta é uma prática muito útil para compartilhar com os mais jovens em nossa vida: crianças, adolescentes ou jovens adultos. Pode ser uma ferramenta de grande ajuda em um momento de crise, e já ouvi alguns dizerem que ela salvou sua vida.

A próxima prática que faremos é a caminhada ou movimentação mindful.

Quando aprendi a caminhar com atenção plena, tinha 23 anos e senti como se nunca tivesse caminhado de verdade. Sempre estava na correria para chegar ao meu destino, ou caminhava com a atenção voltada aos meus pensamentos e não ao meu corpo. Aprendi a dar cada passo com percepção, e tornei-me plenamente viva. Vi uma florzinha ao longo do caminho e sabia que ela estava sorrindo para mim! Precisei sorrir de volta. Recebi o presente que ela estava tentando me oferecer há muito tempo, pois finalmente eu estava verdadeiramente lá.

Podemos aplicar nossa movimentação com atenção plena a muitas situações também. Conheço uma família que estava viajando com seus filhos pequenos a vários países durante um período sabático. Como pode imaginar, os longos voos eram uma dificuldade. Quando o filho mais novo estava prestes a chorar, o pai praticava a caminhada mindful, percebendo cada passo com o pequeno pelo corredor do avião para ajudar a si mesmo e ao filho a se acalmar e enfrentar a tormenta. Thay conta sobre como praticou esse tipo de caminhada enquanto vivenciava uma depressão séria após trabalhar até o fim da guerra no Vietnã e perder muitos amigos e alunos queridos no conflito. Ele disse que praticar a caminhada mindful ao longo de diversas horas por dia o ajudou a curar-se e sair daquela depressão.

MEDITAÇÃO

Caminhando ou Movimentando-se com Atenção Plena

Então, como fazemos isso? É possível fazer esta prática caminhando, em uma cadeira de rodas ou usando outro equipamento assistivo. Quando nos movimentamos com consciência, começamos a nos mover mais lentamente do que o normal, trazendo toda a atenção ao nosso corpo. Seja para as solas dos pés, sentindo o contato entre eles e a Terra, ou conectando-nos com o contato entre nosso corpo e a cadeira de rodas — ou o equipamento assistivo — e seu contato com a Terra. Permitimo-nos descansar a cada movimento ou a cada passo. Não corremos rumo ao futuro, mas descansamos neste momento, neste passo, como praticamos nos Capítulo 2. Toda nossa percepção está apenas onde estamos bem neste momento. Bem aqui e agora.

Escolha um lugar em que pode se mover entre 5 metros a 7 metros para frente e para trás, seja dentro de algum cômodo ou ao ar livre. Minha amiga Amana Brembry Johnson compartilha as seguintes instruções que ouviu certa vez do especialista de melhoria de desempenho Matthew Huston:

> *Ao movimentar-se, direcione sua percepção à Terra sob as rodas. Ela é suave ou áspera? Nivelada ou inclinada?*
>
> *Perceba as diferenças que sente ao mover-se sobre um concreto liso ou sobre pedras incrustadas no solo, ou sobre a grama ou sobre as linhas demarcadas no concreto. Perceba as transições de passar sobre um tapete*

ou sobre uma superfície limpa e sólida, ou a roda esmagando algumas pedrinhas.

Como o som da cadeira de rodas muda conforme as mudanças da superfície? Quais são os efeitos da gravidade que você encontra em uma inclinação ou em uma descida? Quais outros aspectos da Terra e da experiência de movimentar-se consegue notar?[6]

Se estiver caminhando, tire um tempo para permanecer imóvel. Sinta seus pés sobre o solo, ao ficar em pé, parado. Comece a dar alguns passos, lentamente, com atenção plena sinta a forma com que seu corpo se move para permitir que um passo aconteça, sinta a mudança de um pé para outro, como você consegue manter seu equilíbrio, perceba o movimento de seu corpo através do espaço, permita-se relaxar e curtir seus passos Não estamos tentando chegar a algum lugar, apenas viver o momento presente.

Se preferir, pode combinar sua respiração com seus movimentos: perceba como inspira ao mover-se alguns centímetros ou passos e, depois, expire ao mover-se mais alguns centímetros ou passos você pode dizer "dentro" ao inspirar e mover-se para frente ou dar um passo, e "fora" ao expirar e mover-se para frente ou dar um passo...

Permita que seu corpo liberte a tensão a cada passo, cada momento...

Conecte-se com a Terra, sentindo-se ancorado...

Você pode beijar a Terra a cada passo, cada sentimento de contato entre seu corpo, sua cadeira de rodas, e o solo... apreciando a Terra em toda sua maravilha, o fato de termos uma Terra sobre a qual nos movimentar. Aprecie um sorriso gentil, imprimindo sua ternura, paz e liberdade sobre a Terra a cada movimento ou passo E se surgirem pensamentos ou preocupações, reconheça-os, e direcione sua atenção ao contato entre você e a Terra. Ou se as dificuldades parecerem grandes demais, você pode movimentar-se e convidar a Terra para abraçar tais dificuldades também. Você não está sozinho; ao movimentar-se, a Terra pode suportá-lo e ajudá-lo a soltar um pouco os fardos ao recebê-los com você.

Quando estiver pronto, pode permanecer imóvel. Continue a sentir seu corpo, esteja você sentado ou em pé. Inspirando e expirando, conecte-se com a Terra, plenamente aqui, neste lugar e tempo.

Maravilhoso. Bom trabalho!

> *Inspirando, volto à ilha em meu interior.*
> *Há lindas árvores na ilha,*
> *há limpos córregos, há pássaros,*
> *luz solar e ar puro.*
> *Expirando, sinto-me seguro.*
> *Aprecio voltar à minha ilha.*

– Música de Plum Village,
"The Island Within"[*]

Na Vida Diária

A movimentação mindful é uma prática poderosa para aplicar em seu dia a dia. Pode escolher uma distância curta a percorrer diariamente, como da porta de sua casa até a rua, ou de seu quarto até o banheiro; e estabelecer a intenção de lembrar-se de estar consciente de sua movimentação ou de seus passos sempre que fizer esse curto caminho de 5 metros a 7 metros. Permita que esses breves momentos sejam uma pausa do fluxo comum de pensamentos, planejamentos e preocupações, além de apenas

---

[*] Breathing in, I go back to the island within myself. There are beautiful trees within the island, there are clear streams of water, there are birds, sunshine, and fresh air. Breathing out, I feel safe. I enjoy going back to my island. Disponível em https://plumvillage.org/library/songs/the-island-within-orchestral/

um tempo de conexão com a maravilha e a fisicalidade de cada movimento ou passo.

. . .

Neste quarto capítulo, exploramos como podemos desenvolver a nossa fé, além de suportar e perseverar quando pensamos que chegamos ao nosso limite. Também aprendemos a enfrentar as tormentas de nossos tempos desafiadores por meio da prática da respiração pela barriga e da caminhada ou movimentação com atenção plena.

PARA REFLETIR

Ao se deparar com tempos tormentosos em sua vida, o que o ajudou a atravessá-los?

Como experienciou as duas meditações – respiração pela barriga e caminhada/movimentação mindful – deste capítulo?

Em um momento de opressão ou dificuldade, qual das duas meditações acredita que pode acessar mais prontamente para ajudá-lo a enfrentar a tormenta?

Capítulo 5

CUIDANDO DAS EMOÇÕES FORTES

Sem lama, não há lótus. Sem o sofrimento, não há felicidade. Assim, não deveríamos discriminar a lama. Precisamos aprender a acolher e abraçar nosso sofrimento e o sofrimento do mundo, com muito carinho.

— Thich Nhat Hanh, *Sem lama não há lótus: a arte de transformar o sofrimento*

A raiz de todos os medos é o medo de nossas emoções dolorosas.

— Lama John Makransky

A psicologia budista oferece um modelo da mente que divide nossa consciência em duas camadas: a camada superior é a "consciência da mente", nossa mente desperta, e a camada inferior é a "consciência de armazenamento", semelhante ao conceito do inconsciente na psicologia ocidental. É chamada de "consciência de armazenamento" pois ela armazena as potencialidades de nossos estados mentais, que são descritos como sementes, dormindo nas profundezas de nossa mente. Há diversos tipos de sementes em nossa consciência de armazenamento, algumas são benéficas, como a atenção plena, a generosidade e o perdão, e outras são danosas, como a ganância, a ignorância e o ódio. Todos temos esses inúmeros tipos de sementes.

Outra forma de pensar nessas duas camadas é compará-las a uma sala de estar – a consciência da mente – a um porão – a consciência de armazenamento. Quando uma semente é diluída em nossa consciência de armazenamento, ou porão, ela cresce até a consciência da mente, ou a sala de estar, e se manifesta como um estado mental ativado, não mais adormecido, mas capaz de impactar nosso corpo e nossas ações, e mudar nossa fisiologia. De repente, temos um convidado na sala de estar e, dependendo de quem seja, pode transformá-la em um cômodo agradável e aconchegante ou muito desagradável e tenso.

Por exemplo, se a semente da raiva for regada, ela despertará de seu estado adormecido e se tornará o estado mental, ou a energia, da raiva. Sentimos calor e constrição, e talvez mais sangue comece a fluir para nossas extremidades, preparando-nos para lutar, fugir ou congelar. Em tal estado, se não o percebermos, nós pensamos, dizemos e falamos coisas que expressam nossa irritação e raiva, e normalmente nos arrependemos mais tarde.

Cada minuto que passamos consumindo ou expressando a raiva faz com que a semente da raiva no porão cresça mais um pouquinho. Na próxima vez que algo acontecer e ativar nossa raiva, ela surgirá mais rapidamente do porão, será mais intensa e permanecerá mais tempo na sala de estar. Se continuarmos permitindo que a semente da raiva seja regada (por nós mesmos ou por nosso ambiente), ficaremos presos em um loop tóxico que a faz crescer cada vez mais todos os dias, além de aprisionados em um padrão que nos deixa constantemente com raiva até pelas menores coisas que não nos incomodavam antes. Isso é prejudicial para nosso corpo e nossa mente; nosso sistema nervoso não foi projetado para lidar com esse tipo de estresse.

No entanto, também temos a semente da atenção plena [mindfulness] em nossa consciência de armazenamento, lá embaixo no porão. Podemos despertá-la sempre que quisermos. Está sempre lá, continuamente disponível. Uma respiração mindful, inspirando e expirando, e um passo dado com percepção total são suficientes para trazer a semente da atenção plena à tona e ela se torna presente em nossa sala de estar como a energia da atenção plena. Ela tem um efeito confortante e refrescante em nosso corpo e mente, trazendo atenção, amizade e curiosidade à nossa experiência.

Em geral, suprimimos nossas emoções dolorosas como a dor ou a vergonha ao evitá-las, fingindo que não estão lá, ou então as colocamos para fora, permitindo que comandem o espetáculo e sejam donas da nossa sala. Nenhuma dessas abordagens nos ajudam a transformar tais emoções ou estados mentais em sua raiz na consciência de armazenamento.

Mindfulness é uma forma intermediária, uma terceira opção que de fato nos leva à transformação e à paz. Podemos cuidar de qualquer uma das emoções fortes como raiva, ciúmes, tristeza, confusão ou medo quando convidamos a atenção plena para a sala de estar no momento em que percebemos que uma semente danosa surgiu. Dizemos a nós mesmos: "inspirando, sei que estou bravo; expirando, estou aqui para minha raiva." Não negamos nossa raiva ou tentamos nos distrair dela com tecnologia ou consumindo algo. Voltamo-nos a ela e a enfrentamos. É válido perceber seu efeito em nosso corpo, observando onde a sentimos e quais são suas características físicas.

Quando fazemos isso, nossa emoção dolorosa começa imediatamente a se acalmar de alguma forma, pois não a estamos empurrando para fora. Não há guerra em nosso interior. Estamos sendo honestos conosco e voltando para casa de modo a cuidar da situação tensa na sala de estar.

Tive essa experiência certa vez quando acordei às 4h e permaneci na cama pensando em todas as coisas que precisava resolver em minha vida. Meu corpo começou a ficar inconscientemente tenso. Com todos meus pensamentos, fiquei preocupada que não conseguiria voltar a dormir. Após cerca de 20 minutos assim, de repente reconheci o que estava acontecendo. Percebi, *Ah! Isso é a preocupação!* Então, a atenção plena também compareceu na sala de estar, e não apenas a preocupação. Assim que pude identificar a emoção, comecei a me sentir muito melhor. *Vejo você, preocupação*, disse a mim mesma. Não estava mais me fechando a ela de forma inconsciente, e lutando contra ela ou temendo-a, desprevenida. Eu trouxe a percepção para meu corpo e minha respiração, e liberei a tensão pouco a pouco. Dei espaço a ela e consegui retornar a um estado de descanso profundo.

Uma vez que a atenção plena reconheça a raiva, ela começa a aceitá-la e lhe dá espaço. Nós nos abrimos à experiência da raiva e permitimos que ela esteja ali. Geramos compaixão por nós mesmos, reconhecendo a raiva como uma parte de nós, sem a julgar ou rejeitar. Porém, aceitar a raiva não significa que lhe damos a liberdade de causar destruição. Mindfulness está com ela na sala de estar, assim, ela não pode fazer nada de mal.

Quando a aceitamos, nós a acolhemos, como um irmão mais velho ou uma babá que seguram um bebê chorando. Reconhecemos que esta parte de nós está sofrendo e nos aproximamos, abrindo nossos braços para cuidar bem dela. Nós a pegamos no colo, a embalamos e a confortamos. Podemos até conversar com essa parte de nós mesmos durante a prática, dizendo: "minha querida raiva, estou aqui ao seu lado, segurando-a em meus braços com minha atenção plena, e não a estou deixando sozinha ou negando-a. Você é uma parte de mim e estou aqui para acolhê-la com minha bondade e solicitude."

Ao fazermos isso, nossa raiva se acalma. Depois de um tempo, ela começará a se revelar para nós, e a veremos sob a superfície, em suas profundezas. Passaremos a entender de onde ela vem; por exemplo, pode nem ser nossa raiva, mas a de nossos antepassados, de nossa comunidade ou nação. E quando a entendemos melhor, saberemos mais como ajudá-la a se libertar. Neste passo, investigamos a experiência da raiva, e ela nos leva a uma introspecção sobre nossos padrões profundamente arraigados, e a transformação de nosso comportamento e nossas atitudes.

Quando praticamos cuidar da energia da raiva com mindfulness dessa maneira, a semente da raiva fica menor na raiz e, da próxima vez que algo nos irritar, ela levará mais tempo para surgir, será menos intensa e irá embora mais rapidamente. Assim, a raiva ou qualquer outra emoção forte começa a ter um efeito cada vez mais fraco em nós, e nos tornamos cada vez mais livres. Como Dan Emmons diz, "o que mais precisa de atenção é a parte de nós que buscamos evitar sentir. Depois de cuidar dessa parte, estaremos transformados, e o mundo se transformará conosco."

MEDITAÇÃO

Cuidando das Emoções Fortes

Nesta meditação sobre acolher as emoções fortes, convido-o a trazer à mente um momento levemente difícil ou desafiador pelo qual passou recentemente, mas que não seja um particularmente grande ou traumático. É melhor começar com o mais fácil. Ou poderia trazer à mente o que aconteceu há algum tempo, mas que envolve uma emoção duradoura ou difícil que com frequência encontra em sua vida e sobre a qual está curioso.

Nota: Se em qualquer momento se sentir sobrecarregado, pause a meditação, abra os olhos, conecte-se com os lugares que seu corpo está sinalizando ou leve sua percepção às cores e aos formatos em seu ambiente. Você pode mudar a posição do corpo e se alongar. Se após isso se sentir mais ajustado, pode retomar a prática ou então mudar para a atenção plena do corpo ou da respiração.

Encontre uma posição confortável, permitindo que o corpo se abra e ajuste. Sinta a solidez e a estabilidade da Terra e permita que ela o abrace. Permita seu corpo descansar dentro do apoio da Terra.

Conecte-se com a experiência de inspirar e expirar.

Desfrute do fluxo natural da respiração, como ela sabe o que fazer. Não há necessidade de controlá-la, ela cuida de si mesma.

Deixe agora que sua atenção corra pelo corpo para liberar os lugares que estão segurando a tensão, seu rosto, mandíbula, ombros, barriga qualquer outro lugar que precise de sua atenção. Perceba se há lugares no corpo que parecem bem, agradáveis ou neutros, onde as coisas estão todas bem.

Pode ser útil preparar-se primeiro, então leve sua mente a um lugar, uma pessoa ou um animal que o ajude a se sentir seguro e conectado. Visualize as características desse ser ou lugar. Conecte-se com os sentimentos positivos que sente quando está perto desse ser ou lugar. Inspire esses sentimentos levando-os para seu corpo e mente e permita que eles o nutram.

Agora, permita que a emoção difícil esteja aqui. Imagine-se de volta na situação e perceba qual emoção surgiu. Raiva, preocupação, medo, tristeza, dúvida, vergonha, decepção ou alguma outra? Independente de qual tenha sido, perceba como ela o faz sentir agora. Como a define? É pesada, grudenta, cortante, enfadonha, dolorosa, quente ou fria?

Permita que a atenção plena também surja agora e esteja com sua emoção. Com ela, você inspira e expira, reconhecendo a emoção, chamando-a pelo nome e familiarizando-se com ela. Permaneça presente ao seu lado.

Inspire e expire, focado no que sente em seu corpo. A consciência mindful oferece aceitação a essa emoção dolorosa. Embora parte de você possa querer fugir da dor, a atenção plena está aqui lhe ajudando a dar espaço a ela, oferecendo sua amizade. Sinta-se aberto para aceitar e fazer amizade com essa emoção dolorosa até onde conseguir.

Agora, com essa abertura gentil à sua experiência, pode acolher essa parte de você, aceitando-a ainda mais profundamente. Abra seus braços a ela e ofereça amor e cuidado, como faria para um bebê chorando que só precisa de compaixão e atenção. Libere qualquer julgamento com relação à sua emoção e veja se pode trazer a energia da ternura. "Minha querida emoção, estou aqui ao seu lado, abraçando-a. Cuidarei bem de você. Não a deixarei ou abandonarei." Permita-se expressar tudo aquilo que quiser vir desta parte de você que por tantas vezes foi rejeitada. Agora, ela está finalmente recebendo o cuidado de que precisa.

Respire várias vezes à medida que traz uma atitude de acolhimento dessa parte de si mesmo e perceba como seu corpo se sente.

Agora, volte-se com interesse a essa emoção para explorar o que ela veio ensiná-lo. Qual sabedoria ela contém? O que fez com que ela aparecesse? Talvez alguma parte dela se revele a você, uma que você não havia visto ou compreendido antes. Observe-a profundamente para vê-la mais claramente. O que essa emoção pode precisar ou querer de você neste momento?

Fantástico. Realmente, muito bom. Agora, deixe-se acomodar e descansar, abrindo-se para tudo que estiver aqui em seu corpo, em sua percepção após realizar este exercício. Dê ao insight ou à transformação que sentiu um pouco de espaço e tempo para se integrar.

> *Olá, ervas daninhas, olá, lixo, olá, futuro adubo.*
> *Obrigado por esta chance de transformação, estou*
> *muito feliz que vocês estão aqui.*
> *Se eu os esconder, vocês voltarão maiores*
> *de qualquer jeito,*
> *Assim, vou cuidar de vocês, e logo, serão lindas flores.*
>
> – Música "Hello Weeds"*

---

* Hello weeds, hello garbage, hello future compost. Thank you for this chance for transformation, I'm so happy that you're here. If I hide you away, you'll just come back bigger anyway. So, I'll take care of you, and soon you'll be beautiful flowers.

Não precisamos nos livrar das "ervas daninhas" em nós; na verdade, elas são essenciais, pois se transformam em um adubo fértil para o jardim de nossa mente. Com mindfulness, a raiva pode se transformar em compaixão, a ganância em generosidade, e a ignorância em sabedoria. Essas nossas emoções difíceis são como a lama que está ajudando o lótus do despertar a crescer. Elas têm um lugar fundamental e quando aprendemos a trabalhar habilmente com elas, serão transformadas em lindíssimas flores.

Na vida Diária

Sempre que uma emoção forte surgir em seu cotidiano, tente se recordar do primeiro passo: reconhecê-la. Traga a atenção plena, que está na consciência de armazenamento, para acompanhar a emoção forte. Sinta onde ela está em seu corpo. Perceba quais sensações ela causa. Pratique dizer "olá" para sua emoção forte e chamá-la pelo nome, dizendo: "vejo você, preocupação/tristeza/irritação, sei que está aqui", o mais rápido possível desde que percebeu sua ascensão em sua mente. Tudo bem se não conseguir identificá-la. Você pode apenas dizer: "o sofrimento ou o desconforto está aqui." Assim, você tem uma escolha sobre como reagir à emoção forte, em vez de ser governado por ela.

• • •

Neste quinto capítulo, aprendemos e praticamos os cinco passos para cuidarmos das emoções fortes:

> Reconhecer a emoção forte.
> Aceitá-la.
> Acolhê-la.
> Analisá-la profundamente.
> Permitir que o insight surja.

PARA REFLETIR

Qual categoria geral de emoções fortes você mais enfrenta neste tempo de transição e desafio?

Frustração, raiva
Tristeza, desespero
Confusão, ambivalência
Ansiedade, medo
Alguma outra

Qual é sua reação habitual a essa emoção forte?

Como foi se aproximar dela com bondade e amizade?

Capítulo 6

IMPERMANÊNCIA E AS CINCO RECORDAÇÕES

É responsabilidade das pessoas livres confiar e celebrar o que é constante – nascimento, luta e morte são constantes, e também o amor, embora nem sempre pensemos assim – e apreender a natureza da mudança, para estarem aptas e dispostas a mudar. Falo da mudança não na superfície, mas nas profundezas – no sentido de renovação. Mas a renovação se torna impossível se a pessoa supõe que as coisas são constantes, quando não o são – segurança, por exemplo, ou dinheiro ou poder. Ela então se apega a quimeras, pelas quais só pode ser traída, e toda a esperança — toda a possibilidade — de liberdade desaparece.

— James Baldwin,
Da Próxima Vez, o Fogo

Nossa vida toda é um processo de transição. Mesmo em tempos relativamente estáveis, quando talvez passemos alguns anos ou mais no mesmo trabalho, casa, relacionamento ou local de estudo, ainda estamos mudando constantemente — de uma respiração para outra, de manhã à noite, semana a semana, mês a mês. Cerca de 100 milhões de novos glóbulos vermelhos estão sendo formados em nosso corpo a cada minuto!

Nosso corpo e mente estão mudando a cada momento, só que de formas mais sutis do que as transições maiores pelas quais passamos.

A impermanência é uma das marcas fundamentais da existência. Ela influencia tudo. Reconhecer como ela opera constantemente em nossa vida de maneiras pequenas e cotidianas nos ajuda a estarmos mais receptivos e a aceitarmos sua atuação de formas maiores, em tempos de grandes reviravoltas e tumultos: tempos de perda, mudanças em nossos relacionamentos, trabalho, ambiente onde vivemos ou saúde.

Muitos de nós podem ser levados a crer que o que temos agora sempre estará aqui. Essa é uma causa central de nosso sofrimento. Queremos que as coisas que possuem a natureza da mudança permaneçam iguais. Para aqueles que vivem nas culturas ocidentais que são obcecadas com a juventude e que tentam esconder de nós a realidade da morte, essa tendência muito humana fica apenas mais enfatizada.

Porém, enfrentar a verdade da impermanência, na verdade, nos liberta para vivermos a vida mais profundamente e transformarmos nossos medos mais complexos. Nosso medo da mudança e nossa resistência a ela estão adormecidos logo abaixo da superfície; quanto mais pudermos trazê-los para nossa percepção consciente e fizermos questão de os observar claramente, menos seremos controlados por eles operando sob o radar da percepção.

A impermanência não é uma ideia, mas um insight. Um insight que pode ser grandemente empoderador, pois estamos nos abrindo à verdade de como a vida é, e não permanecendo confusos por nossas ilusões e como queremos que ela seja. Podemos observá-la na mudança constante de nossa respiração, o fluxo da inspiração e da expiração, como nenhuma respiração é igual à anterior, assim como não há um momento igual ao anterior. Podemos vê-la no desenrolar de nosso período de vida, bem como naquele dos nossos amados. Quando passamos tempo na natureza, percebemos a mudança constante nos animais, plantas, clima e movimento cíclico do tempo. E também podemos observá-la numa escala maior na evolução da nossa espécie humana, de todas as espécies, as mudanças profundas pelas quais o planeta Terra passou, isso sem mencionar as mudanças nos sistemas solares, galáxias e Universo inteiro. Tudo está em fluxo constante.

O Buda ofereceu uma meditação sobre a impermanência para nos ajudar despertar do sonho de que as coisas permanecerão iguais, como desejamos. Chamada de as Cinco Recordações, esta contemplação nos pede para recordarmos de cinco coisas diariamente: que nossa natureza é envelhecer, que temos doenças, que morremos, que nossos amados são da natureza da mudança e não podemos evitar nossa separação, e, por fim, que nossas ações são nossas únicas posses verdadeiras, não levaremos nada mais conosco quando falecermos.[7]

Nesta prática meditativa, trazemos de maneira consciente as coisas que normalmente não queremos ver: que nós e nossos amados um dia morrerão. Thay diz que contemplar a impermanência dessa forma não tem a intenção de nos deixar deprimidos ou ansiosos, mas, na verdade, ajudar a nos sentirmos mais vivos e conectados com a vida. Para admirar sua preciosidade ainda mais.

Ofereci essas Cinco Recordações a adolescentes em um retiro jovem alguns anos atrás, e eles refletiram que foi uma meditação dolorosa, mas boa. De acordo com eles, ela os fez sentir revigorados e abertos, para que pudessem viver profundamente e valorizar seus relacionamentos de forma mais plena.

A prática de mindfulness também é uma preparação para uma das maiores transições e desafios que todos nós enfrentaremos: nossa própria morte. Quando meditamos nas Cinco Recordações, estamos nos preparando para saber que, um dia, também morreremos. Meditar nelas também pode nos ajudar a estarmos mais preparados e dar suporte e companhia para outros no momento de seu falecimento. É um presente muito precioso, ajudar alguém a sentir algum grau de aceitação ou de "não medo" perante a morte.

Outra transição enorme é aquela que nossa espécie enfrenta: a crise climática. Embora possa parecer avassaladora demais para contemplar, voltarmo-nos deliberadamente à impermanência e aceitá-la como nossa realidade pode nos ajudar a tomar decisões que nos auxiliarão a enfrentarmos a possibilidade do colapso social com mais resiliência e adaptabilidade. Como diz James Baldwin: "nem tudo que enfrentamos pode ser mudado, mas nada pode ser mudado até que seja enfrentado." Embora essas cinco práticas sejam organizadas para o indivíduo, também podemos aplicá-las para nosso coletivo: assim como nossas sociedades, culturas e governos são da natureza de vir à existência, evoluir e mudar, também são da natureza de envelhecer, adoecer e desaparecer. Precisamos enfrentar esta verdade da impermanência em um nível coletivo.

Então, vamos começar a prática de enfrentarmos a verdade sobre nossa vida. Se perceber desconforto ou medo surgindo durante a meditação, faça uma pausa para estar ao lado dessas emoções difíceis e cuidar delas com compaixão e bondade. Pode pausar a qualquer momento para estar presente a tudo que precisar de sua atenção.

MEDITAÇÃO

As Cinco Recordações

Acomode-se em uma posição que lhe dê suporte e seja confortável. Sinta sua respiração. Sinta seu corpo. Permita-se começar a se abrir e ajustar enquanto vai entrando neste momento. Mantenha-se em silêncio por alguns minutos para respirar e contemplar cada um dos exercícios a seguir.

Pertenço à natureza do envelhecimento.
Não há como escapar do envelhecimento.

Visualize-se envelhecendo, tornando-se uma pessoa idosa, ou ainda mais idosa do que é, caso já esteja na terceira idade. Veja seu corpo, seu rosto, deixe-se realmente contemplar o processo do envelhecimento. A idade lhe alcançará. Perceba qualquer reação em seu corpo e leve bondade e cuidado para o que sentir.

Você pode inspirar e relembrar-se: "envelhecer", e expirar e relembrar-se: "sem escape".

Inspirando, envelhecendo
Expirando, sem escape.

Pratique com estas frases em silêncio por alguns minutos.

Pertenço à natureza da doença.
Não há como escapar da doença.

Agora, contemple-se em alguma situação na qual esteja enfrentando a doença, seja física ou psicológica, quando as pessoas talvez precisem auxiliá-lo e cuidar de você. Ou você não consegue mais fazer as coisas que estava acostumado a fazer. Assimile isso, é parte da vida. Não há como escapar da doença. Perceba qualquer reação em seu corpo e leve bondade e curiosidade ao que está sentindo.

Inspirando, doença,
Expirando, sem escape.

• • •

Pertenço à natureza da morte.
Não há como escapar da morte.

Imagine-se em seu leito de morte, os últimos momentos de sua vida. Dando seus últimos suspiros. Sinta como quer que sejam esses momentos. Pacíficos, calmos e livres do medo? Saiba que sempre que traz a percepção de sua própria morte agora, embora esteja totalmente vivo, você nutre a semente em seu interior para conseguir enfrentar sua morte com força, clareza e tranquilidade. Realmente permita-se absorver que um dia morrerá, um dia dará seu último fôlego. Não há escape da morte. Perceba quaisquer sensações em seu corpo a essa meditação e leve gentileza e curiosidade ao que está sentindo.

> *Inspirando, morrendo,*
> *Expirando, sem escape.*

• • •

> *Tudo aquilo que me é querido e todos que amo*
> *pertencem à natureza da impermanência.*
> *Não há como evitar me separar deles.*

Novamente, visualize-se tendo que se separar de tudo que ama – pessoas, lugares, coisas – e como eles todos mudarão. Não há nenhuma forma de evitar sua separação deles algum dia. Permita-se absorver isso, aceitar essa verdade. Novamente, perceba quaisquer sensações que possam surgir como reação a esta prática em seu corpo e leve bondade e curiosidade para o que está sentindo.

> *Inspirando, tudo que me é querido mudará,*
> *Expirando, não há escape da separação daqueles*
> *que amo.*

• • •

> *Minhas ações são meus únicos pertences verdadeiros.*
> *Não posso escapar das consequências de minhas ações.*
> *Minhas ações são o solo sobre o qual eu piso.*

Leve percepção ao fato de que, quando falecermos, não poderemos levar nada conosco. Tudo que temos são as consequências de nossas ações, e não há como escapar dessas consequências. Contemple como deseja viver hoje com isso em mente.

*Inspirando, minhas ações são a única coisa que levo
comigo,
Expirando, não há escape das consequências de
minhas ações.
Não posso escapar das consequências de minhas ações.*

• • •

Agora, permita-se descansar, conectando-se com sua respiração e com seu corpo enquanto habita neste momento.

• • •

*Não há como evitar morrer, pois pertenço à natureza
do envelhecimento,
Não há como evitar a doença, pois pertenço à natureza do adoecimento,
Todos aqueles queridos e preciosos para mim mudarão e envelhecerão em seu próprio tempo.
Minhas ações são minhas verdadeiras posses, são o
solo sobre o qual eu piso.*

– Música "Cinco Recordações"*

Na Vida Diária
Você pode praticar a recordação da impermanência ao longo do seu dia. Preste uma atenção especial aos momentos em que

---

* "Five Remembrances" song: There ain't no way to avoid dyin' for I am of the nature to grow old; There ain't no way to avoid sickness for I'm of the nature to take ill. All those dear and precious to me will change and grow in their own time. My actions are my true possessions, they are the ground on which I stand.

termina as coisas. Seja uma bebida, uma refeição, uma conversa, um e-mail ou qualquer outra atividade. Procure pausar brevemente para perceber que ela terminou, reconhecendo sua impermanência. Ao acordar, pode trazer à mente as Cinco Recordações para ajudá-lo a mantê-las em sua consciência ao longo do dia. Reflita em silêncio: quais ações você quer realizar (ou não) hoje, sabendo que são suas únicas posses verdadeiras, o solo sobre o qual você pisa?

• • •

Neste sexto capítulo, exploramos a natureza intrinsecamente impermanente da realidade e como práticas de contemplação deliberada da impermanência podem nos ajudar a viver mais profundamente e liberar o medo.

PARA REFLETIR

Alguma das Cinco Recordações lhe toca mais que as outras? Há alguma com a qual se sente mais desconfortável?

O que acontece ao contemplar a impermanência e as Cinco Recordações? Alguma das reações abaixo é familiar?

Sinto desconforto e choque, muito embora saiba logicamente que sejam verdade.

Realmente não quero encará-las; fico paralisado ou acho isso deprimente.

Consigo me abrir a esta realidade de alguma forma, embora ainda seja um território desconhecido.

Estou confortável em refletir sobre a impermanência e acho isso libertador.

Escreva justificando sua resposta.

Capítulo 7

ENFRENTANDO CALMAMENTE OS OITO VENTOS MUNDANOS

Minhas irmãs.
Aquilo que quebra
e fica com pontas afiadas
que as cortam por dentro –
não é o coração.
É a casa que vocês construíram
usando todas as lindas coisas
que os outros lhes disseram,
e a estranha promessa
de que o que sentem hoje
sentirão amanhã também.
Mas tais casas são construídas para desmoronar.
E quando isso ocorre,
o coração deve pegar a estrada aberta
e deixar o passado para trás.

Olhe-me nos olhos, minha irmã.
Você é mais do que seu riso
e seus suspiros.
Você é mais do que sua raiva
e suas lágrimas.
Você é muito mais do que seu corpo.

> — Matty Weingast, "Chapa — The
> Archer", de *The First Free Woman:*
> *Poems of the Early Buddhist Nuns*[8]

Em muitos países asiáticos, há um símbolo comum nos templos budistas de uma roda com oito raios e um buraco no meio para o eixo. Aprendi que ela representa o Dharma, ou os ensinamentos do Buda, que são como uma roda colocada em movimento, e os oito raios representam o Nobre Caminho Óctuplo ensinado pelo Buda.

Quando morava no Sri Lanka, recebi uma explicação adicional desse símbolo: os oito raios representam os oito ventos mundanos. São quatro pares de opostos – prazer e dor, ganho e perda, elogio e culpa, fama e infâmia. São as quatro coisas que esperamos ter e as quatro coisas que tememos. A roda desses oito ventos está sempre girando. Ela nunca para. Assim, não podemos ficar confortáveis com as alegrias do prazer e do ganho, tampouco devemos nos identificar com as desventuras que surgem em nosso caminho e pensar que elas definem nossa vida inteira. Se nos tornarmos possessivos em relação a elas, nos machucaremos quando inevitavelmente seguirmos em frente e sofreremos se acharmos que podemos controlá-los. A roda continuará girando não importa o que façamos ou como vivamos nossa vida. Isso não significa que nossas escolhas ou que viver eticamente não seja importante, mas sim que mesmo ao nos alinharmos com a compaixão e a não violência, não ficamos com a expectativa de que as ações virtuosas sempre serão recompensadas ou que os oito ventos mundanos pararão de soprar e mudar.

Esse ensinamento pode nos ajudar a enfrentar mais dignamente a realidade em constante mudança de nossa vida, pois esses ventos não sopram em resposta a nossas ações, eles não são necessariamente merecidos, sejam agradáveis ou dolorosos. A opressão, por exemplo, nunca é justificada e não é destinada. Quando aqueles com poder oprimem os outros, a injustiça deve ser resistida e transformada. A natureza inconstante das circunstâncias da vida não é uma desculpa para evitarmos reagir ativamente contra a injustiça social e rompê-la, esquivando-nos de nossa responsabilidade de nos manifestar.

Quando podemos fazer algo para mudar as coisas, devemos agir. Mas às vezes não há nada que possamos fazer para mudar a situação. Em ambos os casos, nos traz amplidão recordar que "a vida é cheia de altos e baixos", como o amado monge cambojano Mahagosananda respondeu quando lhe perguntaram como ele mantinha seu equilíbrio e otimismo durante o terror do Khmer Vermelho. Quando aceitamos que a vida é assim, conseguimos tocar a realidade de que somos mais do que os altos e baixos da vida.

Thay nos ofereceu os Seis Mantras do Verdadeiro Amor:

> *Meu querido, estou aqui ao seu lado.*
> *Meu querido, sei que você está aí, e estou muito feliz.*
> *Meu querido, sei que você sofre, é por isso que estou*
> *aqui ao seu lado.*
> *Meu querido, eu sofro, e preciso de sua ajuda.*
> *Meu querido, este é um momento feliz.*
> *Meu querido, você está parcialmente certo.*

Você pode ler mais sobre eles no livro *Ensinamentos Sobre o Amor*, de Thich Nhat Hanh.[9] Nós devemos praticar o sexto mantra, "você está parcialmente certo", sempre que alguém nos elogia ou nos culpa. Ele tem a sabedoria dos oito ventos mundanos pois não aceitamos nem o elogio tampouco a culpa como a descrição completa de quem somos. Quando as pessoas nos valorizam e nos afirmam, sabemos que estão vendo parte de nós, assim, estão parcialmente certas. Do mesmo modo, quando os outros nos julgam e culpam, podem estar vendo claramente nossas falhas, mas também sabemos que temos nossa beleza e bondade, então eles estão apenas parcialmente certos. Praticar esse mantra nos mantém humildes quando estamos prestes a cair nas garras do orgulho, e também nos sustenta com confiança quando podemos cair na autocrítica. Ele nos ajuda a recordar que a roda está sempre girando.

O segredo está no espaço no centro da roda. Ele está vazio. A partir do centro podemos ver todos os oito ventos mundanos sem sermos pegos por eles. E o centro é um lembrete de nosso próprio vazio, que nos dá a habilidade de vermos a nós mesmos como sendo mais do que esses oito ventos mundanos que surgem em nosso caminho. Para, de fato, nos ver em todos e em tudo, e ver todos e tudo em nós.

Thomas Merton discorre sobre esse vazio sob a perspectiva da tradição contemplativa cristã:

> No centro do nosso ser há um ponto de nulidade que é intocado pelo pecado e pela ilusão, um ponto de verdade pura, da centelha que pertence completamente a Deus, ponto esse que nunca está à nossa disposição, a partir do qual Deus dá cabo de nossa vida, que é inacessível às fantasias de nossa mente ou às brutalidades de nossa própria vontade. Esse pequeno ponto de nulidade e de absoluta pobreza é a glória pura de Deus em nós É como um diamante puro, brilhando com a invisível luz do Céu. Está em todos, e se pudéssemos enxergá-lo, veríamos esses bilhões de pontos de luz juntando-se perante o rosto e o fogo de um sol que faria com que toda a escuridão e a crueldade da vida desaparecessem completamente... Não tenho um programa para tal visão. É apenas concedido. Mas o portão do Céu está em todos os lugares.[10]

Assim, o portão do Céu não está em elogio ou ganho se também não está em culpa e perda. Se nos identificarmos demasiadamente com os oito ventos e ficarmos dependentes dos elogios ou das opiniões de outras pessoas sobre nós para ficarmos felizes, nossa felicidade será insegura e duvidosa. Mas se pudermos ver nossa vida sob a perspectiva daquele centro vazio, o "ponto de verdade pura", naturalmente teremos compaixão por nós mesmos e pelas situações que encontramos. E quando a forma pela qual nos vemos estiver baseada na própria compaixão e amor por nós mesmos, que nos permitem perdoarmos nossos erros e estarmos confiantes de nosso progresso em nosso caminho, nossa felicidade será sólida e confiável. Essa desconfiança nas fontes externas de aprovação e desaprovação que flutuam nos oito ventos mundanos nos trazem para nosso centro, para o lugar de calma e silêncio que nos leva à consciência do não eu.

No último capítulo, falamos sobre a impermanência, uma característica fundamental da existência. No budismo, o "não eu" é outra característica. É a nulidade que o espaço na roda representa.

Não eu significa que estamos vazios de um eu separado, mas repletos de todas as outras coisas. Somos feitos de todos que nos influenciaram e ajudaram a nos moldar de alguma forma: pais, professores, amigos, o alimento que consumimos, os livros que lemos, a luz solar, a água, o ar. Não podemos existir sozinhos por conta própria. Só podemos existir porque cada um desses elementos veio ajudar a compor parte de quem somos. Se conseguirmos entender e viver a partir desse insight, seremos incrivelmente empoderados e teremos um tipo de arma secreta ao atravessarmos tempos de adversidade e mudança. Com o insight do não eu, não corremos atrás do prazer e da fama, tampouco tememos a dor ou a infâmia, pois sabemos que somos maiores que essas forças e que elas não podem nos definir. Esse não medo é o que dá às pessoas a coragem de fazerem grandes sacrifícios e de assumirem riscos incríveis, sabendo que estamos agindo em prol do todo, e que nossas ações ainda terão um impacto mesmo se nós, em nossos eus minúsculos, não estivermos lá para ver. O teólogo brasileiro Rubem Alves diz: "devemos viver pelo amor daquilo que nunca veremos."

Outra analogia válida é a das ondas e da água. Em um nível, a onda pode ser caracterizada como rápida ou lenta, grande ou pequena, alta ou baixa. Mas se a onda consegue tocar sua verdadeira natureza de água, ela entra em contato com uma parte de si que não pode ser caracterizada por alto ou baixo, ir ou vir, nascer ou morrer. A água está além de todas essas condições. E assim, o espaço vazio da roda nos aponta de volta à nossa verdadeira natureza, não como uma onda açoitada pelos oito ventos mundanos, mas como a própria água, vasta e imperturbável.

Quando tocamos nossa realidade mais profunda de água, o insight do não eu, navegamos pelas transições muito mais facilmente. Não levamos as coisas de forma tão pessoal e temos menos medo. Aos 88 anos, Thay teve um derrame. Os médicos não achavam que ele sobreviveria. Mas sobreviveu. Um lado de seu corpo ficou paralisado e ele perdeu a habilidade de falar. Ele se tornou totalmente dependente dos outros para que cuidassem de todas suas necessidades. Inicialmente, deve ter sido muito difícil se ajustar, mas agora ele parece estar em paz com sua situação.[*] Tive a chance de visitá-lo no Vietnã. Em 2019, cinco anos após seu derrame, senti-o tão profundamente presente e espiritualmente poderoso quanto antes. Percebi que ele conseguia movimentar-se graciosamente com os ventos mundanos da perda e da dor, pois não estava preso à ideia de um eu separado que precisava tentar manter o controle e a "compostura".

Quando tocamos nossa natureza de água, como o espaço na roda, obtemos uma perspectiva mais ampla. Não somos apenas esses eus minúsculos nessas circunstâncias limitadas. Somos muitíssimo mais. Como Thay escreveu: "ver a si em todos e todos em si é romper a grande barreira que estreita sua percepção da realidade."

---

[*] Thich Nhat Hanh faleceu pacificamente no templo Tu Hieu em Hue, Vietnã, às 00h do dia 22 de janeiro de 2022, aos 95 anos. Este livro foi originalmente publicado em 2021, portanto, antes de sua morte. [N. do T.]

MEDITAÇÃO

Enfrentando os Oito Ventos Mundanos

Vamos nos acomodar neste momento, encontrando uma postura de apoio.

Você pode visualizar seu corpo superior, da cintura para cima, chegando até o céu, como uma árvore. Agora, permita que a parte inferior de seu corpo crie raízes no solo. Sinta a vitalidade em seu corpo neste momento à medida que você se aterra no solo e cresce para cima rumo ao céu.

Permita que todo seu corpo, todo seu ser apenas seja e descanse.

· · ·

Agora, permita-se sentar no centro da roda, naquele espaço vazio onde pode observar todos os oito ventos mundanos soprando para dentro e para fora. Embora a roda não pare de girar, seu centro está imóvel, e é aí onde você está. Você observa as circunstâncias de sua vida, as perdas, os ganhos, o prazer, a dor, mas está começando a se libertar do apego e da aversão a tudo isso. Respire profundamente e permita-se descansar no centro imóvel, saltando daquela roda infinita e exaustiva de hamster por um momento. Abra-se e descanse aqui.

· · ·

E agora você se vê como uma onda no oceano. Você se ergue da água e começa a se movimentar rapidamente. E também há outras ondas ao seu redor. Elas estão se movendo mais lentamente. Você se sente especial, pois consegue ir mais rápido. Mas então, uma onda enorme chega, ofuscando-o e passando por você, fazendo-o se sentir pequeno e insignificante.

Contudo, você e as ondas mais lentas, bem como você e as ondas mais rápidas e maiores são, na verdade, da mesma natureza. Abra mão de sua forma de onda e vá abaixo da superfície, afundando, bem lá embaixo. Agora está pronto para descansar no abraço do oceano e tocar a verdade de sua natureza de água. Aqui, não há rápido ou devagar, grande ou pequeno, só há a água, a mesma substância que compõe as ondas que eram mais lentas que você e a onda que era maior que você. Espere um segundo, não há mais você porque agora é apenas água. Permita-se desfrutar de ser imenso, vasto, vazio de um eu separado, feliz por conter tudo ao seu redor.

> *Não posso acrescentar mais dias à minha vida, mas apenas mais vida a cada dia.*

> – Música de Plum Village**

Na Vida Diária

Sempre que enfrentar elogios ou culpa, é uma boa ideia tentar praticar o sexto mantra: "você está parcialmente certo." Deixe seu coração ouvir os elogios ou a culpa recebidos e absorvê-los de verdade, estando disposto a aprender com eles quando contêm feedbacks importantes e ser nutrido por eles quando o afirmam. Mas também veja-se no centro da roda, ou nas profundezas do oceano, sabendo que você é mais do que essa avaliação.

• • •

Neste sétimo capítulo, aprendemos como evitar sermos sacudidos pelos oito ventos mundanos. Aprendemos como o cultivo do insight do não eu nos liberta quando estamos bem no centro das vicissitudes da vida.

** I cannot add more days to my life, but only more life to each day.

PARA REFLETIR

Qual destes pares dos oito ventos mundanos é mais relevante ao que está passando neste momento, ou qual tem sido uma questão importante em sua vida?

Prazer e dor
Ganho e perda
Elogio e culpa
Fama e infâmia

Em meio a esses altos e baixos, como você pode habitar no espaço localizado no centro da roda?

De qual apoio pode precisar para isso e como pode obtê-lo?

Capítulo 8

EQUANIMIDADE E DEIXAR IR

Cheio de esperança saíste de casa,
e logo aprendeu a trilhar o Caminho –
tornando-se um amigo para todos
e fazendo de todos um amigo.
Quando o mundo inteiro é seu amigo,
o medo não encontrará lugar para chamar de lar.
E quando você faz da mente sua amiga,
saberá o que a confiança
realmente significa.
Ouça.
Segui este Caminho de amizade até o fim.
E posso dizer com absoluta certeza –
ele o levará para casa.

— Matty Weingast, "Mitta —
Friend", de *The First Free
Woman: Poems of the Early
Buddhist Nuns*

Quando eu era criança, tinha um brinquedo chamado Weeble. Tinha o formato de ovo e era feito de plástico. Havia algum tipo de peso no fundo que o mantinha equilibrado e centralizado. Dava para empurrá-lo, e parecia que cairia, mas não caía. Ele balançava para frente e para trás, e sempre voltava à posição inicial: vertical e parada.

O que nos permite voltar ao equilíbrio quando as transições e os desafios de nossa vida nos arrancam do centro? O que é aquele peso interno em nosso centro?

A equanimidade é uma prática fundamental que pode colaborar para nos centralizar e equilibrar. A palavra em sânscrito é *upeksha* (upekṣā), e em pali é *upekkha*. *Upe* significa "cima" e *ksa* significa "olhar". Assim, upeksha significa olhar por cima, examinar todos os arredores, como se estivesse no topo de uma montanha, ver todos os lados. Sob essa perspectiva, não tomamos lado, pois enxergamos a situação em sua totalidade. Também pode significar olhar com paciência, observar com entendimento e amplitude. Às vezes é traduzida como indiscriminação, imparcialidade, tolerância, deixar ir e desapego (que é diferente de indiferença). Thay traduz upeksha como *inclusividade*, que concede uma nuance mais engajada, envolvida e ativa a essa qualidade.

Inclusividade ou equanimidade não é um dogma; ela nos permite manter uma mente aberta. Quando estamos subindo uma escada de mão, para avançarmos para o próximo degrau, devemos deixar para trás o degrau no qual estamos pisando. Precisamos abrir mão do que sabemos agora para estarmos abertos ao aprendizado de novas coisas. A disposição de ver as coisas novamente, com novos olhos, é um aspecto importante da equanimidade e da inclusividade. O Dalai Lama diz: "abandonarei qualquer crença budista se a ciência provar que está errada." Por mais centrais que a prática e os ensinamentos do budismo tenham sido para ele e sua cultura, ele não se prende a isso. Porque o apego nos impede de crescer e seguir em frente.

Thay nos convida a fazer com frequência a seguinte pergunta a nós mesmos: "tem certeza?". É bom verificar regularmente se nossas percepções de fato correspondem com a realidade, pois muitas vezes isso não ocorre. Geralmente estamos olhando de apenas um lado da montanha, e não do topo, então não conseguimos enxergar a situação total com imparcialidade.

Quando estamos em tempos de transição ou dificuldade, quais são algumas formas em que podemos estar nos segurando ao degrau atual de nossa escada? Como seria se você relaxasse o pulso e estivesse disposto a passar para o próximo degrau? A inclusividade/equanimidade nos ajuda a confiar que tudo ficará bem, mesmo se agora está desconfortável ou até no limite do que podemos suportar. Quanto mais relaxarmos e deixarmos ir, mais fácil será.

Há alguns anos, minha mãe e eu visitamos um museu para vermos uma exibição interativa sobre o cérebro. Jogamos um jogo no qual tínhamos que sentar uma de frente para a outra em uma mesa e competir para ver quem conseguia lançar sua bola mais longe. Para tanto, precisávamos relaxar. Estávamos usando sensores em uma faixa na cabeça que media nosso nível de relaxamento. Desta forma, quanto mais relaxadas estávamos, mais rápido a bola se movia para onde queríamos que fosse. Era muito contraintuitivo! Demos muitas risadas. Em geral, a vida é assim; quanto mais relaxamos, nos acomodamos e nos movemos com o fluxo das coisas, mais avançamos para onde queremos ir.

Para relaxarmos, precisamos deixar ir e desapegar. No jogo, a bola não avança porque estamos nos esforçando muito, mas porque não oferecemos resistência. Ajahn Chah, monge da Tradição Tailandesa das Florestas, disse: "se você deixar ir um pouco, terá um pouco de liberdade; se deixar ir muito, terá muita liberdade; e se deixar ir completamente, terá uma liberdade completa."

No entanto, tal desapego não significa indiferença ou falta de cuidado. Não significa que você não ama todos os seus filhos — mas que você ama todos os seus filhos sem discriminação. Também demonstra que não fazemos discriminação entre nós e os outros. Se me vejo como aquele que ama e o outro como aquele que é amado, se de alguma forma me vejo como superior ou separado do outro, isso não é equanimidade verdadeira.

Podemos entender a equanimidade como se fosse o amor de vó, que é mais pacífico do que o amor de mãe ou de pai porque não há tanto apego. O amor está lá, mas sem tanto sofrimento. A equanimidade nos ajuda a ter visões mais amplas. Cada um tem sua própria jornada, seu próprio caminho a percorrer; nem sempre vemos a lógica de sua trajetória. Não podemos ver o que eles precisam enfrentar em sua vida para aprender as lições necessárias, para crescer da forma que precisam crescer. Com a amplitude da equanimidade, conseguimos ver que esta vida é composta pelo que o taoismo denomina de "as 10 mil alegrias e as 10 mil tristezas". Toda a beleza, a felicidade, a maravilha, a conexão, o pertencimento e toda a separação, a ansiedade, a depressão e o desespero – isso é uma vida humana. Não significa que não buscamos aliviar o sofrimento quando possível. Mas tocamos uma liberdade maior quando conseguimos aceitar o sofrimento como parte do caminho, não como um erro. Com a equanimidade, podemos saber como não piorar as coisas quando a dor chega; podemos escolher não aumentar a dor ao resisti--la, suprimi-la ou julgá-la. Em vez disso, podemos escolher um caminho para nos abrir a ela, para permitir o fato de que uma certa medida de dor faz parte da vida.

A equanimidade nos mantém alicerçados e tranquilos para que não entremos em parafuso enquanto nos cuidamos e trabalhamos para aliviar o sofrimento. Sem ela, podemos nos doar a ponto de ficarmos exaustos ou exageradamente identificados com a situação. A equanimidade pode nos ajudar a continuar providos e centralizados. Precisamos dessa tranquilidade da equanimidade pois há muita confusão no mundo atualmente – e só está piorando. Sob a luz dos acontecimentos do dia 6 de janeiro de 2021 nos EUA – a invasão do Capitólio – e outras instâncias de violência política[*], como nos relacionarmos

---

[*] Inclusive no Brasil e no mundo todo, destacando-se atualmente a guerra na Ucrânia. [N. da E.]

com essas forças com clareza e compaixão ferrenha, chamando à justiça aqueles envolvidos, porém sem desumanizá-los? Como podemos ver de todos os lados e incluí-los em nosso coração? A equanimidade pode nos ajudar a não discriminar e a abrir mão da tendência de nos enxergarmos separados dos outros.

Meu pai vem tendo uma jornada bastante extensa com o trabalho da justiça social. Ele é ministro cristão e trabalhou com Martin Luther King Jr. e a Conferência Sulista de Liderança Cristã na dessegregação do Sul, depois passou trinta anos trabalhando no desenvolvimento humano e de aldeias ao redor do mundo, vivendo anos na Índia, nas Filipinas e no Quênia. Depois, começou a ensinar amor incondicional e perdão baseados na psicossíntese, em workshops e retiros, e também se tornou um aluno devotado de Thich Nhat Hanh. Foi ordenado professor budista do Dharma em 2008. Há mais de 24 anos, ele começou um sangha, um grupo de meditação, que ainda se reúne semanalmente. Em uma conversa recente, ele e eu estávamos refletindo sobre a necessidade de mantermos nosso equilíbrio. Ele disse: "quando nos vemos como vítimas, é um eu separado. Quando nos vemos como amados, é não eu." Quando nos vemos como amados, repletos de compaixão, nos vemos em todos e enxergamos todos em nós mesmos; e temos uma força com a qual enfrentar a ignorância, a discriminação e até a violência nos outros de modo que essas coisas não nos enfraqueçam tornando-os odiosos. Quando nos vemos como amados, não estamos em oposição a ninguém.

Durante a guerra no Vietnã, Thich Nhat Hanh disse que as outras pessoas não eram nossas inimigas, que um humano nunca é nosso inimigo. Nossos únicos inimigos são a ilusão, o ódio e a ignorância. É possível erradicar isso em nós mesmos e nos outros. Se nos vemos como amados, não como vítimas, podemos nos encontrar com os outros sem malícia, mesmo quando discordamos. Esse é o poder da equanimidade, da inclusividade.

O Dr. Martin Luther King Jr. ofereceu a seguinte exortação em seu ensaio "Amar os Inimigos":

> Aos nossos mais implacáveis adversários, diremos: "Corresponderemos à vossa capacidade de nos fazer sofrer com a nossa capacidade de suportar o sofrimento. Iremos ao encontro da vossa força física com a nossa força do espírito. Fazei-nos o que quiserdes e continuaremos a amar-vos. O que não podemos, em boa consciência, é acatar as vossas leis injustas, pois tal como temos obrigação moral de cooperar com o bem, também temos a de não cooperar com o mal. Podeis prender-nos e amar-vos-emos ainda. Assaltais as nossas casas e ameaçais os nossos filhos, e continuaremos a amar-vos. Enviais os vossos embuçados perpetradores da violência para espancar a nossa comunidade quando chega a meia-noite, e, quase mortos, amar-vos-emos ainda. Tendes, porém, a certeza de que acabareis por ser vencido pela nossa capacidade de sofrimento. E quando um dia alcançarmos a vitória, ela não será só para nós; tanto apelaremos para a vossa consciência e para o vosso coração que vos conquistaremos também, e a nossa vitória será dupla vitória"."[11]

Essa, também, é a voz da equanimidade. Uma voz muito necessária em nosso mundo profundamente dividido. A prática

---

** O texto é de tradutor desconhecido, disponível em https://espirito.org.br/artigos/amar-os-inimigos-6/. [N. do T.]

da equanimidade, da inclusividade, pode nos dar uma grande coragem. O Buda disse que quando você tem equanimidade, tem uma ideia de paz imensurável. Quando você tem paz, tem muita liberdade. E quando você tem liberdade, não tem muito medo.

Após ouvir o veredito do julgamento de Derek Chauvin, fiquei extremamente aliviada. O sofrimento terrível de George Floyd chamando sua mãe enquanto sua vida estava sendo aniquilada foi algo angustiante e revoltante de testemunhar. E eu sabia, assim como muitos outros, que a ferida causada pelo assassinato de George Floyd não poderia ser curada apenas por esse veredito de culpado. Meditei sobre o insight da inclusividade e o que significa tocar não apenas a agonia e a injustiça sofridas por George Floyd, sua família e as famílias de todos os pretos e pardos mortos pela polícia, mas também tocar a realidade habitada por Derek Chauvin e os inúmeros policiais envolvidos no terror racializado e na matança de inocentes. Ao ponderar sobre a foto de Derek Chauvin, cheguei à conclusão de que parecia profundamente perdido.

Sempre que desumanizamos alguém, somos cortados de nossa própria humanidade da mesma forma. Refleti sobre o fato de que Derek Chauvin era alguns anos mais jovem que George Floyd. Imaginei como teriam sido quando crianças, se talvez tivessem brincado juntos. Pensei sobre as consequências com as quais Derek Chauvin precisa agora viver, e me perguntei se algum dia ele chegará a entender e se arrepender.

Se olharmos Derek Chauvin sob os olhos da sabedoria, veremos todos os elementos "não Derek Cahuvin" que compõem quem ele é, como a supremacia branca e a história violenta e racista da polícia dos Estados Unidos, entre muitos outros fatores. Nós somos uma parte dele, e ele é uma parte de nós. Assim como todos somos uma parte de George Floyd, e ele é uma parte de nós. Podemos aprender com a profunda inclusividade do movimento moderno da abolição, que vislumbra maneiras de interromper os danos sistêmicos e erradicar as crenças perigosas na raiz do ódio enquanto, ao mesmo tempo, encoraja o crescimento de todos por meio da restauração, da cura e da transformação, e não pela punição e retaliação. Como Mariame Kaba escreve em *We Do This 'til We Free Us: Abolitionist Organizing and Transforming Justice* [Faremos isso até nos libertarmos: justiça abolicionista transformativa e organizadora, em tradução livre]: "a abolição é a visão de uma sociedade reestruturada em que temos tudo de que precisamos: comida, abrigo, educação, saúde, arte, beleza, água limpa e outras coisas que são fundamentais para nossa segurança pessoal e comunitária."[12]

Podemos trazer essas atitudes poderosas e radiantes de equanimidade e inclusividade para o nosso próprio momento difícil de transição. Elas nos mantêm equilibrados, assim, mesmo se balançarmos como o Weeble, mais cedo ou mais tarde voltaremos ao nosso centro. Há algumas frases clássicas para cultivar a equanimidade e a inclusividade que podem nos ajudar na meditação. Convido-o a experimentá-las na prática a seguir.

MEDITAÇÃO

Comece tirando alguns momentos para sentir sua respiração e seu corpo. Deixe-se abrir e acalmar, bem aqui, bem agora...

Agora, visualize-se em um campo com grama, árvores ao longe e um enorme céu acima. Permita-se abrir e instalar-se nesse lugar espaçoso e sereno.

Ao sentar-se no campo, traga à mente uma situação que está lhe afligindo. Sinta seu corpo ao contemplar a situação. Talvez seja uma decisão que precisa tomar, uma conversa difícil que teve com alguém ou uma dificuldade em alguma área de sua vida.

Agora, deixe que seu desafio – sua pergunta, algo que esteja partindo seu coração no mundo, seu momento de transição – venha e esteja com você no campo. Talvez ele assuma algum tipo de forma como uma silhueta, uma cor, um ser vivo ou talvez seja um sentimento, som ou aroma. Seja o que for, permita-o estar aí, bem ao seu lado, e tente sentir sua presença. Agora, veja uma linha no chão que forma um círculo ao redor de vocês dois. O diâmetro do círculo é de apenas alguns metros, então você e sua pergunta ou dificuldade estão próximos. Perceba como sente isso em seu corpo.

Ofereça a si mesmo estes desejos:

> Que eu possa me abrir a este momento, tal qual ele é.
> Que meu coração possa estar calmo com as condições da minha vida.

Repita cada frase algumas vezes suavemente.

• • •

Agora, veja o círculo crescendo, chegando a 10 m de diâmetro. Como é ter mais espaço entre você e sua dificuldade? Como se sente? O que acontece em seu corpo?

Pratique a frase da equanimidade:

> Por mais que quisesse que as coisas fossem diferentes, elas são como são neste momento.

• • •

E agora, o círculo aumenta ainda mais, para 20m ou 30m de diâmetro. Como você reage? Como se sente?

Continue com as reflexões de equanimidade:

> Que eu possa me abrir aos fluxos de
> alegrias e tristezas com compreensão e
> equanimidade.

• • •

Agora, o círculo alcança o tamanho do campo inteiro, e há muito espaço.

Você pode escolher ir a qualquer lugar, ter qualquer relacionamento que desejar. É sua dificuldade. *Onde deseja estar no campo?* Permita-se ir lá. *Onde está sua dificuldade ou dúvida em relação a você?* Perceba como sua escolha se reflete em seu corpo. Inspire com ela. Permita que o que estiver aqui, seja como é.

Se as frases forem úteis, pode continuar usando-as, caso contrário, deixe-as de lado:

• • •

> Que eu possa me abrir a este momento, tal
> qual ele é.
> Que meu coração possa estar calmo com as
> condições da minha vida.

Agora, deixe-se sentar no meio do campo novamente. Sua dificuldade ou dúvida pode estar perto ou longe. Juntos, assistam ao sol que se põe por trás das árvores e entregue-se à beleza deste momento. Veja se, de alguma forma, você pode sentir que tudo está bem, mesmo com sua dificuldade ou dúvida ainda aí, não resolvida. É claro, você deve manter sua força, sua clareza e seu propósito para resolvê-la, mas não precisa desperdiçar sua energia com a frustração, o medo e a ansiedade que ela causa. Inspire a beleza, a serenidade do momento.

> Que eu possa me abrir a este momento, tal
> qual ele é.
> Agora, retorne gentilmente ao seu corpo no
> momento presente, faça movimentos suaves

com as mãos e os pés e, a seu tempo, abra
os olhos.
E quando me erguer, permita-me erguer
Como um pássaro, alegremente
E quando eu cair, permita-me cair
Como uma folha, graciosamente
Sem arrependimentos

— "And When I Rise",
Música de Plum Village***

Na vida diária

Podemos trazer o insight da equanimidade à vida diária ao ver-mos como os outros são nós e como nós somos eles. Uma prá-tica poderosa a fazer durante o dia é perceber pessoas, animais, plantas e situações em sua vida e recordar-se silenciosamente, "Isto sou eu." Quando vir uma flor ou uma árvore, "Isto tam-bém sou eu." Quando encontrar uma pessoa, "Ela também sou eu. Eu também sou ela."

• • •

Neste oitavo capítulo, exploramos a prática da equanimidade e de deixar ir para melhor enfrentarmos os tempos de desafio.

*** And when I rise, let me rise; Like a bird, joyfully; And when I fall, let me fall; Like a leaf, gracefully without regret. Disponível em http://plumvillagsongs. blogspot.com/.

PARA REFLETIR

Como a prática da equanimidade e da inclusividade pode apoiá-lo no desafio ou na mudança que enfrenta atualmente?

Me ajudando a manter uma mente aberta para que possa seguir para o próximo degrau da escada.

Me ajudando a relaxar e a não me apegar tanto ao resultado que desejo.

Me ajudando a ver mais lados da situação e sentir mais espaço internamente.

Me ajudando a aceitar o que é e abrir mão de lutar e resistir.

Se alguma dessas possíveis respostas lhe toca, você pode escrever algumas frases sobre ela e como pode praticá-la em meio ao seu desafio ou tempo de transição específicos.

Capítulo 9

NUTRINDO O BEM

Em algum momento da vida, a beleza do mundo se torna suficiente.

— Toni Morrison

Em pleno inverno, finalmente descobri que havia, dentro de mim, um verão invencível.

— Albert Camus

Talvez acreditemos que para sermos felizes, nosso sofrimento precisa desaparecer completamente. Que não podem coexistir. Em minha experiência, muito embora possa estar lutando em um tempo de transição ou adversidade, ainda consigo estar em contato com o que é salutar e bom em mim e ao meu redor. Na verdade, esse é o momento em que mais preciso disso! Nutrir o bom é crucial para nosso bem-estar e resiliência face à mudança e ao tumulto.

No Capítulo 5, falamos sobre cuidar das sementes em nossa consciência de armazenamento. Tudo aquilo que regarmos em nossa vida diária crescerá. Quanto mais nutrirmos as sementes boas, mais fortes ficarão e mais providos estaremos quando as tempestades da vida nos açoitarem.

E quando nutrimos as sementes boas, as prejudiciais diminuirão sozinhas, sem termos que fazer nada diretamente para enfraquecê-las, pois estamos dando mais atenção às sementes que queremos que se manifestem. Além disso, quando uma semente boa brota, ela estimula outras sementes lindas e salutares em nossa consciência também, tornando-as todas mais fortes e robustas.

A gratidão é uma maneira poderosa de nutrir o bem. A acadêmica e ativista Joanna Macy diz que é importante sermos gratos pelas coisas, quando estão indo bem, é claro. Mas é ainda mais importante praticar a gratidão quando as coisas não vão bem, quando não estão indo de acordo com nossas expectativas. A gratidão nos ajuda a manter nosso equilíbrio nessas situações difíceis. Ela acalma nossa mente frenética e nos dá o apoio para permanecermos atentos às possibilidades que ainda estão lá. Quando estou me sentindo para baixo, se ainda consigo me lembrar de refletir sobre as coisas pelas quais sou grata, sinto imediatamente mais espaço interior. Meu humor pesado pode não mudar completamente, mas começa a ficar mais leve.

Alguns anos atrás, as três filhas da minha prima por parte de mãe vieram me visitar e passamos duas semanas juntas. Na época, elas tinham 8, 10 e 12 anos de idade. Compartilhei com elas minha prática de recordar-me de algo pelo que era grata antes de comer e começamos o hábito de fazer isso juntas nas refeições. No dia de irem embora, pegamos um trem juntas para participarmos de um encontro familiar. Foi uma viagem longa. Estávamos todas nos sentindo cansadas, irritadas e um pouco rudes. Estava sentada perto da menina de 10 anos, que estava brava com a irmã mais velha por não compartilhar o telefone. Ela estava fazendo beicinho e soltando fumaça de raiva. Perguntei a ela amigavelmente se queria tentar um exercício comigo para ver se a faria sentir-se melhor. Ela concordou. Pedi que pensasse na mãe e em algo que apreciava nela. Não demorou até encontrar algo. Então, pedi que fizesse o mesmo sobre a avó, a irmã mais nova e a irmã mais velha (exatamente com quem ela estava brava), e ela conseguiu encontrar coisas que apreciava em cada uma delas. Também perguntei o que ela apreciava em si mesma, e ela se iluminou enquanto me contava.

Perguntei como se sentia depois de fazer isso, e ela constatou: "muito melhor." Sugeri que ela poderia fazer o exercício sempre que estivesse brava. E ela disse que tentaria.

No dia seguinte, a família inteira se juntou na casa do meu pai. Preparamos um almoço delicioso e estávamos ávidos para desfrutá-lo. As três meninas apareceram e disseram: "esperem! Antes de comermos, queremos jogar um jogo." Então, esperamos e elas colocaram um papelzinho na frente do prato de cada um. Explicaram que continha o nome de outra pessoa que estava à mesa e que todos compartilharíamos algo que apreciávamos sobre ela. Todo mundo ficou surpreso, pois nunca havíamos feito isso antes. À medida que fazíamos aquilo, corações se abriram e sorrisos apareceram. Foi um momento realmente sagrado.

Mestre Eckhart, o frade e místico dominicano do século XIII, escreve: "se a única oração que você fizer em toda sua vida for 'obrigado', será o suficiente."

Em outro momento, eu estava oferecendo um retiro para jovens em Berlim e no fim de semana seguinte, seria um retiro para artistas. Havia um jovem participando do primeiro, mas também planejava estar no segundo retiro. Ele havia acabado de terminar com sua parceira de diversos anos e estava de coração partido e angustiado. No retiro, falei sobre as cinco práticas que podemos fazer diariamente e com provas científicas de que aumentam a felicidade, compiladas por Shawn Achor. Eu as chamo de Cinco Felicidades:

1. Meditar ou orar.
2. Exercitar-se.
3. Estar consciente de três novas coisas pelas quais somos gratos.
4. Fazer um ato de bondade aleatório ou consciente.
5. Escrever sobre um momento feliz do dia.[13]

No primeiro retiro, o jovem se comprometeu a fazer essas cinco coisas todos os dias. No segundo retiro no fim de semana seguinte, ele relatou que muito embora tivesse ido a Berlim realmente desesperado, as cinco práticas funcionaram e ele conseguiu tocar a alegria em meio à sua dor.

Há pesquisas documentando os efeitos da gratidão em nossa saúde – ela diminui a pressão arterial, melhora o sono, fortalece a imunidade e também nos ajuda a termos menos conflito e mais satisfação em nossos relacionamentos em casa e no trabalho. Isso nos torna muito mais fortes em momentos desafiadores.

Ao praticarmos mindfulness, também podemos aprender a ocasionar a paz a qualquer momento, mesmo nos realmente difíceis. O Buda disse que a felicidade está disponível bem no momento presente. Isso significa agora! Podemos abrir nossa consciência para reconhecer as condições que já existem para a felicidade. Não precisamos procurar em nenhum outro lugar, nem no passado ou no futuro.

Thay sempre ensinava que devemos viver nossa vida de tal forma que criemos um lindo passado. Certa vez, quando ainda era monja, estava viajando com uma irmã e dois irmãos para a África do Sul e Botsuana para liderar retiros. Tínhamos algumas horas de espera em Joanesburgo antes do próximo voo, então decidimos fazer uma reunião. Um dos monges que estava conosco tinha ascendência victnamita e era o rei dos chás. Antes de começarmos a planejar nossos diversos eventos, ele queria nos servir chá. Assim, retirou seu frágil bule de argila, quatro xícaras de vidro, uma garrafa térmica e folhas soltas de chá – para mim, coisas pouco práticas para levar em uma viagem tão longa. Ele encheu a garrafa térmica com água fervente, com a qual primeiramente lavou o chá e depois aqueceu as xícaras. Por fim, infundiu o chá e nos serviu uma pequena xícara. Estava perfumado e delicioso. Esse ritual especial nos fez diminuir o ritmo e saborear o momento. Deixamos de estar de algum modo preocupados com nosso trabalho e passamos a apreciar um ao outro, rindo e relaxando enquanto bebericávamos nosso chá.

Ele continuou nos servindo dessa maneira linda e com atenção plena antes de cada reunião que fizemos na viagem. E apreciávamos nossa pausa, nosso momento para nos conectar e apenas ser. Isso sempre nos unia e deixava nosso trabalho mais suave e fácil.

No fim da viagem, finalmente tivemos um dia só para relaxar. Nossos amigos nos levaram por uma trilha na floresta que dava em uma cachoeira. Era linda! Cruzamos o lago a nado, pois queríamos subir na cachoeira do outro lado. Percebi um irmão que estava nadando com apenas uma mão enquanto segurava sua mochila na cabeça com a outra. Não pude imaginar o porquê. Atravessamos o lago e subimos nas rochas enormes, até o topo da cachoeira, uma escalada de cerca de 15 metros. Sentamo-nos sobre a grande rocha onde a água começava sua queda, e tínhamos uma visão de 360°. E de repente, surge o bule de argila, as xícaras de vidro, o chá e uma garrafa térmica com água quente! Fiquei maravilhada! Senti-me muito honrada! Alguém lhe servindo chá em um lugar tão magnificente era como ser parte da realeza. Só de me lembrar desse momento, surge um sorriso no rosto.

Mesmo em momentos de dificuldades e transições, podemos procurar maneiras de trazer alegria e deleite a nós mesmos e aos outros no presente para que possamos criar um lindo passado. Podemos nos lembrar das coisas pelas quais somos gratos, e mesmo em meio a grande angústia, podemos encontrar o que não está indo mal.

MEDITAÇÃO

Nutrindo o Bem

Comece acomodando-se em seu corpo. Sinta a respiração, perceba o ambiente, esteja consciente dos sons e conecte-se com as sensações no corpo. Abra-se ao que está aqui no corpo e na mente, com aceitação e bondade.

Se há alguma tristeza, frustração ou dificuldade que esteja sentindo no corpo ou na mente, permita que haja espaço para que ela esteja aí. Honre-a e cuide dela com amizade. Respire com ela. Reconheça-a, sem empurrá-la para longe.

• • •

Ao lhe dar tempo e espaço, veja também se consegue se abrir e perceber as coisas que *não* estão indo mal. Observe o que está acontecendo mesmo em meio a essa dificuldade ou dor e que esteja dando certo, seja em seu corpo ou em sua mente. Sinta como essas duas coisas podem coexistir, a dificuldade e a percepção do que está certo, do que está bem.

• • •

Agora, convido-o a apreciar a si mesmo por sua prática e as muitas maneiras pelas quais está aberto a aprender e crescer. Algo em você é energético e motivado a crescer e se aprofundar; essa parte se importa com sua vida interior, com sua própria felicidade. Sinta a bondade desse impulso que inicialmente o levou à prática. Um tipo de fé em si mesmo e em sua própria bondade inerente. Sinta-a em seu corpo. Perceba suas qualidades e características, esta força de mente/coração. Abra-se a ela, permita que cresça em você. Ancore-a em uma parte de seu corpo que se identifique com isso. E perceba se há uma parte de você que esteja mais confortável dando isso por garantido e que quer se concentrar naquelas partes que precisam ser "melhoradas".

Perceba se há resistência para permitir a entrada do bem. E se houver, veja se consegue dar espaço a ela para que brilhe, agora mesmo.

• • •

Permita-se levar à mente outras coisas pelas quais se sente agradecido. Como seu corpo está funcionando agora, seu coração ainda está batendo, seus pulmões estão se expandindo e retraindo, sua pele está protegendo sua carne.

Permita-se conectar-se com a gratidão pela presença das pessoas ou dos pets amados em sua vida, ou por alguém que lhe foi de apoio no passado. Conecte-se com as maneiras em que estiverem presentes para você e como fizeram uma diferença em sua vida.

Reflita também nas formas em que tem sido de apoio para os outros e permita-se sentir gratidão por isso, por sua própria bondade, compaixão e amizade com os outros. Sinta como você fez uma diferença na vida de outras pessoas e como isso é significativo.

• • •

Agora, se permita abrir-se à gratidão pelo mundo ao seu redor, à Terra que o está apoiando neste momento, ao Sol que aparece todos os dias, ao ar que sustenta toda a vida, à água, às estrelas, aos oceanos. Sinta o dom da vida que está pulsando através de suas veias agora e permita-se sentir agradecido por isso. Sinta o dom da vida que o circunda a cada momento, onde quer que vá.

Sinta essa gratidão em seu corpo. Deixe-se ser nutrido e fortalecido por ela.

E perceba se há quaisquer ideias surgindo sobre como pode criar um lindo passado hoje ou em breve, para si mesmo e àqueles com quem se importa.

Na Vida Diária

Você pode praticar as Cinco Felicidades diariamente, criando espaço para meditação, exercício, recordação da gratidão, um ato aleatório de bondade ou escrever sobre um momento feliz. Por exemplo, pode convidar alguém a ser seu "parceiro de gratidão" e enviar mensagens diárias ou semanais um ao outro sobre as coisas pelas quais estão agradecidos. Conheço um professor que começou a fazer isso com um grupo de amigos e ainda seguem firmes e fortes sete anos depois. Ou reflita sobre algumas coisas pelas quais está agradecido antes de comer. Também pode ser maravilhoso criar o hábito de escrever um e-mail ou uma nota de apreciação a alguém em sua família ou comunidade todos os dias por uma semana e perceber como isso afeta você.

• • •

Neste nono capítulo, exploramos nutrir o bem e o poder da gratidão, especialmente em tempos difíceis.

PARA REFLETIR

Qual das cinco formas a seguir — baseadas em evidências — para gerar felicidade e bem-estar é a mais realista ou atrativa para incorporar em sua vida diária?

Meditação ou oração
Exercício
Refletir sobre a gratidão
Ato aleatório de bondade
Escrever sobre um momento feliz

Por quê?

Como pode fazer crescer suas sementes de felicidade e alegria?

Capítulo 10

FOMOS FEITOS PARA ESTES TEMPOS

Meus amigos, não desanimem. Fomos feitos
para estes tempos. Ouvi recentemente que muitos estão profundamente desnorteados, e não
é por menos Nosso tempo é de um assombro
praticamente diário e não raro, de uma raiva justificada pelas mais recentes degradações daquilo
que é mais importante
Vocês estão certos em suas avaliações.
Contudo, lhes imploro, lhes peço, lhes acalmo,
por favor, não esgotem seu espírito lamentando
estes tempos. Sim. Por anos aprendemos, praticamos, treinamos e apenas esperamos estar exatamente neste patamar de engajamento direto.

— Clarissa Pinkola Estés
"Carta a um Jovem Ativista
Durante Tempos Difíceis"

Quando eu era adolescente, li diversos romances e memórias
sobre os ativistas do Movimento pelos Direitos Civis nos
EUA e sua organização corajosa e inteligente, colocando sua
vida em risco e suas famílias em perigo para ajudar a transformar
nossa sociedade. Lembro-me de como desejava intensamente
ter nascido naquele tempo para que pudesse ajudar a mudar a
história como eles fizeram.

Os desafios extraordinários que a humanidade agora enfrenta são diferentes de qualquer outro confrontado pelas gerações

anteriores. Cientistas do Painel Intergovernamental para a Mudança de Clima descobriram que temos até 2030, menos de uma década, para reduzir as emissões de dióxido de carbono e de outros gases de efeito estufa em 45% para que nosso planeta continue habitável. Entrelaçados com o *koan** de sermos bons administradores do único planeta que temos estão os desafios de solucionar a supremacia branca e o capitalismo racial, o patriarcado tóxico, a pobreza em escala global, a homofobia, a xenofobia e a ganância, o ódio e a ilusão em suas raízes. Agora está claro para mim que não há outro tempo no qual deveria ter nascido. Embora as liberdades básicas que muitos desfrutam atualmente se devam aos enormes sacrifícios dos muitos jovens do Movimento pelos Direitos Civis, acredito que cada um de nós é chamado para continuar aquele trabalho de novas maneiras para trazermos uma liberdade ainda mais profunda e um despertar maior para que possamos de fato viver de forma harmoniosa e altruísta uns com os outros, com o mundo e todas suas espécies.

• • •

Quando eu estava no processo de decidir deixar a vida monástica, fiquei apavorada. Não fazia ideia do que viria em seguida e estava abrindo mão de segurança, amor e pertencimento em troca de um futuro desconhecido sem qualquer garantia. Todavia, eu sabia que precisava dar aquele passo e deixar a segurança da minha vida para ver o que me esperava. Foi a primeira vez em minha vida que estava tomando uma decisão sem o apoio da maioria das pessoas que eu amava e respeitava. Porém, à medida que ouvia minha intuição, minha voz interior, aprendi que podia confiar nela.

---

* Uma questão/afirmação no budismo zen contendo aspectos inacessíveis à razão. A palavra tem origem japonesa e significa, literalmente "documento oficial" ou "anúncio público". [N. do T.]

Assim que dei o primeiro passo pequeno e experimental rumo ao desconhecido, foi como se a Terra se erguesse para receber meu pé e me sustentar. Um convite para que lecionasse levou a outro e consegui lentamente começar a me sustentar e me conectar com comunidades que me acolhiam, com todo meu embaraço de estar deixando uma identidade para trás e, contudo, sem ter adotado totalmente uma nova.

Cada passo me dava mais fé e confiança de que conseguiria fazer isso. A vida estava me chamando para seguir em frente e continuou me apoiando em cada curva, mesmo que eu não pudesse ver como, exatamente, só um ou dois passos atrás. Eu apenas continuava, e certamente havia um caminho para mim. "O caminho se faz ao caminhar", como escreve o poeta Antonio Machado.

Por quase vinte anos, eu vinha cantando uma música muito popular em nossa comunidade: "Aqui É a Terra Pura."** Há a seguinte frase nela: "o corpo do Sangha está em todos os lugares; meu verdadeiro lar é bem aqui." "Corpo do Sangha" significa a comunidade daqueles que praticam o caminho da percepção e da compaixão. Só depois que saí do monastério e fui recebida e nutrida por diversas comunidades espirituais em muitas partes do mundo que percebi o significado mais profundo dessa frase da música. Como monja, eu acreditava que a comunidade monástica era o único lugar em que poderia realmente praticar profundamente, e parte do meu terror em sair era o medo de que perderia minha prática sem o apoio disponível 24h por dia em uma comunidade monástica residencial. Mas conforme viajava e liderava retiros e eventos por conta própria pela primeira vez, participei cada vez mais de comunidades leigas que eram extremamente dedicadas e que colocavam uma energia incrível para nutrir seus grupos locais com mindfulness.

** Disponível em https://plumvillage.org/library/songs/here-is-the-pure-land/.

Em ocasiões anteriores quando viajava para lecionar, sempre ia com outra monja. Agora que estava sozinha com as comunidades que visitava, éramos mais vulneráveis uns com os outros. A barreira entre os monásticos e os leigos começava a diminuir e eu sentia o quanto era sustentada e apoiada pelo corpo do Sangha que, de fato, estava em todos os lugares. E também como meu verdadeiro lar é bem aqui, não apenas no monastério perto de outros monásticos, mas também em pleno cotidiano em uma cidade movimentada e circundada por todos os tipos de pessoas. Meu verdadeiro lar é em qualquer lugar onde haja prática, onde eu esteja totalmente presente para me conectar e estar com os outros. Comecei a tocar e entender o fato de que já tinha tudo de que precisava.

Compreender nesse nível mais profundo que meu verdadeiro lar é bem aqui, onde quer que esteja, também me faz transbordar de gratidão e reverência pela contribuição preciosa que os monásticos e os monastérios fazem para nosso mundo, sem a qual eu não seria quem sou. Eles têm um papel singular para ajudar a preservar o âmago de muitas de nossas tradições. Continuo conectada com o Sangha monástico e sou profundamente alentada por esses nobres praticantes.

Algo que pode ser muito estressante em momentos de mudança ou desafio é sentir-se despreparado, ser pego de surpresa, de alguma maneira fora de controle. Mas se mudarmos nossa perspectiva bem em meio a essa queda e perda de controle, podemos manter nosso equilíbrio *interno* e tocar muitos recursos que *já temos* para enfrentar o inesperado. Devemos aprender a fazer isso como indivíduos e também como uma coletividade. Os anciãos da Hopi Nation em Oraibi, Arizona, ofereceram a seguinte sabedoria atemporal:

> Há um rio fluindo agora muito rápido.
> É tão grandioso e veloz que há quem
> fique com medo. Esses tentarão
> segurar-se na margem. Sentirão que

estão destroçados e sofrerão imensamente.
Saiba que o rio tem seu destino. Os anciãos
dizem que devemos soltar a margem,
pular lá no meio do rio,
manter os olhos abertos e a cabeça acima
da água. E eu digo, veja quem está lá com
você e celebre. Neste tempo da história,
não devemos levar nada para o pessoal,
muito menos nós mesmos. Pois quando o
fizermos,
nosso crescimento espiritual e nossa jornada
pararão de repente.
O tempo do lobo solitário acabou.
Juntem-se! Eliminem a palavra
dificuldade de sua atitude e de seu
vocabulário. Tudo que fizermos agora deve
ser feito de uma maneira sagrada e em
celebração.
Nós somos aqueles pelos quais
esperávamos.[14]

Embora o rio esteja se movendo muito rápido, ele tem seu destino; podemos confiar nisso. Não precisamos saber o destino. Devemos manter nossos olhos abertos e ver quem está conosco e celebrar. Porque somos aqueles pelos quais esperávamos.

Seja lá quais forem as labutas ou transições que esteja enfrentando neste momento, por favor lembre-se: fomos feitos para estes tempos. Sempre que voltamos para casa, para este momento, sempre que nos engajamos em práticas de mindfulness como as que aprendemos neste livro, isso nos prepara, em cada respiração, em cada passo, para enfrentarmos o sofrimento e os desafios deste momento.

Nesta última meditação, utilizaremos o poder da visualização. Quando visualizamos a nós mesmos fazendo algo, o cérebro e o corpo experienciam isso como se *realmente estivéssemos fazendo* aquilo na vida real. Assim, quando fizermos aquela atividade ou estivermos na situação real, nosso corpo e mente estarão muito mais preparados. Os atletas e dançarinos fazem uso regular dessa prática para ajudá-los a aprimorar sua habilidade. Como meditadores, também podemos!

MEDITAÇÃO

Ajuste-se em uma posição confortável. Sinta seu corpo se acalmando e chegando. Conecte-se com a respiração e deixe-se desfrutar de uma inspiração profunda e uma longa expiração. Descanse aqui, conectando-se consigo mesmo e com a Terra.

Agora, veja-se continuando a atravessar seu desafio ou transição até que chegue ao outro lado. Veja como estará e se sentirá quando a tempestade passar, confiante, em paz. Agora, eu o guiarei por um caminho detalhado, para se visualizar usando as ferramentas deste livro para enfrentar quaisquer desafios, medos ou confusões que possam surgir.

Observe você voltando para casa, para seu corpo e mente, cuidando bem deste momento, como a melhor forma de cuidar do futuro. Perceba-se ficando tão bom nisso que se torna um hábito, você quase sempre está em casa, em si mesmo. Como seu corpo se sente com isso?

Imagine-se descansando e confiando no desconhecido, pois você permite que as grandes questões ou problemas que enfrenta descansem como uma semente no solo de sua mente, maturando a seu próprio tempo. Você tem essa paciência, essa calma. Sinta-a crescendo em você dia após dia.

E você está desenvolvendo este grande coração capaz de aceitar o que é, especificamente o sofrimento, para que não o piore ao resisti-lo. Como é, saber que consegue aceitar tudo que surge em seu caminho? Não estar com medo? Toque essa realidade em seu interior agora.

Observe-se enfrentando confiantemente as tempestades ao descer do tronco de sua árvore para respirar profundamente em sua barriga e caminhar ou mover-se com amável atenção a cada passo ou movimento. E você descobre e aplica novas práticas pois também precisa delas. Experiencie a confiança agora, instintivamente, sabendo que possui muitas ferramentas nas quais pode confiar para o auxiliar sempre que precisar.

Ao inspirar e expirar, visualize-se cuidando sabiamente e com atenção plena das emoções perturbadoras com compaixão, ficando cada vez mais livre de padrões inúteis, até que essas emoções tenham menos controle sobre você. Como está seu rosto nesse estado, trabalhando habilidosamente com suas fortes emoções? Como seu corpo se sente? Permita-se sentir isso agora.

Perceba-se consciente da impermanência de um momento a outro, permitindo que as Cinco Recordações lembrem-no de enfrentar a inevitabilidade da perda e da separação com um coração aberto e uma mente clara.

E observa-se permanecendo impassível pelo tumulto dos oito ventos mundanos, sem ser influenciado pelo elogio nem pela culpa, continuando no centro da roda e indo abaixo da superfície das ondas para tocar a paz e a vastidão da água. Como se sente ao atravessar o mundo quando entende que não é um eu separado, mas repleto de tudo? Perceba a claridade e a paz que isso traz.

E veja um calmo sorriso em seu rosto ao dominar aquele amor de vó, de equanimidade e inclusividade que não se apega ou agarra. Seu Weeble interior sempre encontra o caminho de volta ao centro. Como se sente ao saber que pode confiar em si, que sempre pode encontrar uma forma de estar cada vez mais à vontade com as condições de sua vida?

E você vai atravessando sua vida capaz de aproveitar o poder de nutrir o bem, habilidosamente convocando a gratidão – especialmente quando os tempos forem difíceis. Você é habilidoso para criar momentos de felicidade para si mesmo e para os outros. Veja isso concretamente agora. Quais são os detalhes e como você se sente? A quem está levando alegria? Deixe que seu corpo sinta isso agora.

Então, observe que tudo pelo que passou em sua vida o levou a este momento, que é exatamente onde precisa estar. Você foi feito para estes tempos, para enfrentar este momento tal como ele é, não importa o que ele traga. Você tem tudo de que precisa para fazer isso. Sinta essa confiança, essa tranquilidade.

Tire alguns minutos para estar nesse lugar, do outro lado de sua dificuldade, de forma mais plena e visceral que puder.

Enquanto enfrentamos não apenas os desafios e as transições individuais, mas também os coletivos, tire um momento agora para se conectar com um aspecto de nossa atual crise coletiva que seja especialmente importante para você, ou que lhe toque de uma forma especial. Talvez esteja relacionado com a maneira com que os humanos estão danificando a Terra ou oprimindo uns aos outros; talvez tenha conexão com as guerras perpétuas, o sofrimento de refugiados e imigrantes, o racismo sistêmico ou a pobreza e a dívida devastadoras. Sinta o peso do problema ou da crise que escolheu.

E agora, assim como fizemos com o desafio pessoal, veja no olho de sua mente o que significaria para o coletivo abordar essa dificuldade com sabedoria. Visualize como seriam a liberdade, a justiça e a compaixão verdadeiras se essa crise fosse resolvida, compreendida profundamente e não mais perpetuada. Reparações feitas, arrependimentos oferecidos em uma escala global, a riqueza compartilhada equitativamente, estruturas confiáveis estabelecidas que oferecem verdadeira segurança, paz duradoura e cura profunda para todos os humanos, todas as espécies e para a própria Terra.

Abra-se à possibilidade de que isso poderia existir e perceba como seu corpo se sente. E agora, imagine que você pode contribuir.

Fomos feitos para estes tempos... de todas as maneiras.

• • •

Estimado amigo, vamos continuar esta prática, mas agora usando frases para aprofundar essa intenção para que nós mesmos estejamos bem neste tempo de mudança e desafio. Se preferir, pode fechar os olhos, colocar uma mão sobre o coração e enviar a si mesmos estes bons desejos:

> *Que eu esteja bem. Que eu tenha tudo de que preciso*
> *para atravessar estas dificuldades. Que eu confie e*
> *deixe ir. Que eu habite em meu verdadeiro lar.*

Novamente, veja em seu olho da mente isso acontecendo.

Também é importante lembrar de que não está sozinho em sua dificuldade. Traga à mente pessoas que você conhece que também estão enfrentando tempos de desafio e transição. Talvez amigos, familiares, outras pessoas que também estão lendo este livro com você e, agora, qualquer um em qualquer lugar que possa estar sofrendo. Saiba que estamos todos conectados. Embora as circunstâncias possam ser diferentes, as experiências de confusão, medo, raiva e tristeza são comuns a todos nós.

Permita que seu coração se abra em compaixão à medida que inclui todas elas em seus desejos também.

> *Que você esteja bem. Que você tenha tudo de que precisa para atravessar estas dificuldades. Que você confie e*
> *deixe ir. Que você habite em seu verdadeiro lar.*

Sinta o desejo sincero de que qualquer pessoa que esteja enfrentando um tempo de desafio consiga encontrar seu verdadeiro lar e habitar nele. Veja isso acontecendo.

Que eu seja feliz,
Que eu esteja livre da dor e do sofrimento,
Que eu viva em paz e bem-estar,
e que eu possa ser livre.
Que (você, nós, todos os seres) seja/sejamos/sejam felizes
Que (você, nós, todos os seres) esteja/estejamos/este-jam livres da dor e do sofrimento,
Que (você, nós, todos os seres) viva/vivamos/vivam em paz e bem-estar,
e que (você, nós, todos os seres) possa/possamos/pos-sam ser livres.

– "Amável Gentileza",
música da Irmã Hai Na,
Melina Bondy***

Na Vida Diária

Quando se encontrar em dificuldades na vida diária, lembre-se de sua conexão com os outros. Aqueles que o estão apoiando e também aqueles que estão atravessando tempos desafiadores como você. Inclua-os em sua percepção e envie gratidão àqueles que o fortalecem, e deseje todo o apoio àqueles que estão em dificuldades para que possam atravessar o que estejam enfrentando. Permita-se sentir solidariedade por eles quando você mesmo tiver suas lutas comuns.

*** "Loving Kindness": May I be happy; May I be free from pain and suffering; May I live with peace and well-being; and may I be free. May (you, we, all beings) be happy... May (you, we, all) be free from pain and suffering; May (you, we, all) live with peace and well-being; and may (you, we, all) be free. A música disponível no site da Plum Village tem a letra levemente diferente: https://plumvillage.org/library/songs/loving-kindness/#search=Loving%20 Kindness [N. do T.]

Além disso, caso ainda não tenha feito isso, familiarize-se com grupos e movimentos que estejam fazendo uma diferença em nosso mundo e realmente ajudando para que uma nova realidade passe a existir.

Cada um de nós tem afinidade por variados aspectos de nossa condição compartilhada. Para mim, minha solidariedade pode vir na forma de engajamento regular ou de apoio a esforços específicos como Project Drawdown, Black Lives Matter, Sunrise Movement, o movimento de abolição dos complexos prisionais industriais, ou a Poor People's Campaign. Há muitos outros que estão dando passos significativos para curar nossa sociedade e nosso relacionamento com o planeta. Se puder, reflita sobre como pode se engajar ou apoiar esses movimentos, talvez com um pequeno grupo. Juntos, à medida que aprendemos e nos engajamos, podemos incorporar a verdade de que fomos feitos para estes tempos.

PARA REFLETIR

Ao terminar este livro, qual das afirmações a seguir descreve melhor sua posição atual em relação ao desafio ou à transição que está enfrentando?

Tenho ferramentas concretas e estou ávido para usá-las.

Estou mais feliz e mais estável.

Estou menos ansioso e com menos medo.

Estou mais confiante em mim mesmo.

De que outras maneiras você está suportando seu desafio ou dificuldade diferentemente de que quando começou este livro?

Como experiencia em si mesmo o fato de que foi feito para estes tempos?

Onde ou como você está inspirado para se engajar com situações em que pode se importar pelo mundo?

Eu apreciei a oportunidade de fazer esta jornada com você e espero que lhe tenha sido significativa e de ajuda. Tenho fé e confiança em você e na sabedoria que o trouxe a este livro. Desejo-lhe liberdade e realização cada vez mais profundas ao atravessar quaisquer desafios e transições que esteja enfrentando.

AGRADECIMENTOS

Na tradição budista de Plum Village, no início de cerimônias formais e para marcar momentos importantes de realização de votos e comprometimento de mudança significativa de vida, honramos quatro grupos de pessoas curvando-nos totalmente, ou prostrando-nos à Terra. São nossos pais, professores, amigos e todos os seres. Estou usando essa estrutura para expressar meus agradecimentos aqui.

Serei eternamente grata aos meus pais, ambos profundos buscadores espirituais, que decidiram que foram feitos para estes tempos ao optarem por um casamento inter-racial em Chicago, em 1970, e ao dedicarem sua vida para cuidar daqueles que sofrem ao redor do mundo. Muito obrigada por nutrirem o melhor em mim. Vocês estão em cada célula do meu corpo e em cada palavra deste livro.

Tudo que compartilhei aqui e minha vida inteira de Dharma existem por causa de meus professores — monásticos e não monásticos. Curvo-me em profunda gratidão a Thich Nhat Hanh, meu mestre raiz, que aprofundou a transformação do meu sofrimento por meio de sua compaixão, e fortaleceu minha fé em minha própria capacidade para despertar com sua felicidade e confiança em mim. As Irmãs Chan Không, Chan Duc (Annabel) e Dieu Nghiem (Jina) foram mentoras constantes e amorosas, bem como modelos ponderosas da *bodhicitta*[*] em ação, fornecendo uma valiosa base para minha vida monástica por meio de seus ensinamentos e práticas. Sou profundamente agradecida a Joseph Goldstein, Carole Wilson e toda a comunidade da IMS que me apresentou à linhagem Vipassana e seus dons únicos. Muito obrigada não apenas pelo dom do Dharma, mas também por seu profundo apoio material. Estendo meus cordiais agradecimentos a Tara Brach e a todos da Insight Meditation Community em Washington (IMCW) que me apoiaram durante meus primeiros anos ensinando naquela cidade. Ofereço o mais profundo respeito e amor a Larry Yang, Gina Sharpe e Kate Lila Wheeler, assim como a Rachel Bagby, que se doou completamente ao nos amar em nossa plenitude e escancarou as portas para todos nós no Spirit Rock Teacher Training, e a Jack Kornfield, que acreditou em todos nós. Também fui muito agraciada por ter tido Thanissara e Kittisaro como mentoras imensamente inspiradoras. Fui profundamente impactada pela comunidade InterPlay, fundada por Cynthia Winton-Henry e Phil Porter, que de maneira divertida e respeitosa abriram novas janelas em minha mente e me convidaram mais profundamente para meu próprio corpo. E Stephanie, não há como lhe agradecer o suficiente. Recebi o imensurável em sua amável presença.

Agradeço profundamente a todos meus irmãos e irmãs monásticos mais velhos e mais novos, um verdadeiro corpo Sangha que me guiou, protegeu e nutriu de maneira singular em toda minha vida. Obrigada por me ensinar a ser uma monja feliz e por me deixar ir. Minha comissão de clareza foi uma bênção oportuna e catalizadora: Bettina Romhardt, Michael May, Barbara Casey, Sumi Kim, Elizabeth Dearborn e Robyn Sheldon, obrigada por sua amizade e amor. Sou agradecida ao meu irmão Adam, e irmã, Traci, por seu humor, sabedoria, escuta e amor

---

[*] "Mente da iluminação." [N. do T.]

durante as grandes transições e pela calorosa acolhida na volta à vida leiga.

Também agradeço àqueles que me ofereceram um suporte e uma amizade preciosos quando recomecei: Mitchell Ratner e Ann-Mari Gemmill, Marisela Gomez, Richard Brady, Lyn Fine, John Bell, Peggy e Larry Ward, Eileen Kiera, Valerie Brown, Ven. Satima, Annabelle Zinser, Irmã Bi Nghiem, Irmã Peace, Irmã True Vow, Adrianna Rocco, Anita Constantini, Emanuela Sandini, Letizia e Stefano Carboni, Ivo Scheppers e Annette Schramm, Verena Böttcher, Renuka Bhakta, Yvonne Fuchs, Beth Sanchez, Jeanine Cogan, Sharron Swain, Melina Bondy, John Salunga, Dr. Vincent Harding, Tom Holmes e todos do Gilchrist Retreat Center, Claire W., bem como toda a comunidade da Schumacher College, especialmente Tim Crabtree, Satish Kumar e June Mitchell, e Sophy Banks.

Ofereço imensa gratidão aos meus amados de Washington DC por me ajudarem a criar um novo lar: Julia Jarvis e os Sangha das segundas-feiras à noite, Annie Mahon e todos no Circle Yoga e na Opening Heart Mindfulness Community, La Sarmiento, Em Morrison, Kristin Barker, Lauren Taylor, Travis Spencer, Satyani McPherson, Dave Trachtenberg, Bruce Gill, Gretchen Rohr, Kate Amoss, Katrina Browne e Cassie Meador. A todos meus colegas do Bound Mindfulness Education (iBme) e a todos os jovens com quem tive a oportunidade de praticar, vocês trouxeram uma direção poderosa à minha vida, e muita diversão! Muito obrigada. Aos meus amigos do Sri Lanka, sua sabedoria, gentileza e força ferrenha foram um verdadeiro colete salva-vidas. Obrigada Sahan Dharmatilleke, Niluka Gunawardena, Dinusha Wickremasekera, Merhawi Teklebran e Abeba Petros, Kamani Jinadasa e o pessoal das quartas-feiras da Sabedoria. Também me curvo a cada um dos meus irmãos e irmãs no Spirit Rock Teacher Training, amo todos vocês e os carrego em mim.

Também agradeço a Natascha Bruckner por sua edição minuciosa, cuidadosa e amorosa. Apreciei a jornada de trazer este livro à existência por causa da habilidade, simpatia e clareza como editora da Parallax. A toda a equipe da Parallax: sei que estou em boas mãos com vocês.

Este livro não existiria sem meu amado parceiro, Adam, que foi o primeiro a me encorajar a transformar o curso que havia criado em um livro e pacientemente leu as numerosas versões. Obrigada por me nutrir de modo que florescesse na plenitude na qual estou aqui para ser.

Sou agradecida a todos os seres em todos os lugares que possibilitam minha vida e este livro.

NOTAS

Epígrafe

1. Amanda Gorman, *The Hill We Climb: An Inaugural Poem for the Country* (Nova York: Viking, 2021).

Prefácio

2. O título deste livro, *Fomos feitos para estes tempos*, foi inspirado no tocante texto "Carta a um Jovem Ativista Durante Tempos Difíceis", com o subtítulo "Não Desanime, Fomos Feitos para Estes Tempos", © 2001, 2016 por Clarissa Pinkola Estés, http://clarissapinkolaestes.com.

Capítulo 2: Descansando e Confiando no Desconhecido

3. Alan Watts, *The Wisdom of Insecurity* (Nova York: Vintage), 2011.

Capítulo 3: Aceitando o que É

4. Kittisaro, citado em Leslee Goodman, "A Mindful Marriage", *The Sun Magazine*, janeiro de 2009, https://www.thesunmagazine.org/issues/397/a-mindful-marriage.

5. Rainer Maria Rilke, "Let This Darkness Be a Bell Tower", *Sonnets to Orpheus* II, 29, em Anita Barrows e Joanna Macy, tradutoras, *In Praise of Mortality: Selections from Rainer Maria*

Rilke's Duino Elegies *and* Sonnets to Orpheus (Brattleboro, VT: Echo Point Books, 2016).

Capítulo 4: Enfrentando a Tormenta

6. Matthew Huston escreveu um lindo artigo sobre andar de cadeira de rodas na Comunidade Plum Village de Budismo Engajado, *The Mindfulness Bell*, vol. 35, inverno/primavera de 2004, que pode ser lido [em inglês] no https://www.mindfulnessbell.org/archive/tag/wheelchair.

Capítulo 5: Cuidando das Emoções Fortes

7. As Cinco Recordações na tradição de Plum Village podem ser encontradas em diversos livros, incluindo *Chanting from the Heart*, de Thich Nhat Hanh (Berkeley, CA: Parallax Press, 2006).

Capítulo 7: Enfrentando Calmamente os Oito Ventos Mundanos

8. Matty Weingast, *The First Free Women: Poems Inspired by the Early Buddhist Nuns* (Boulder, CO: Shambhala Publications), 2020.
9. Thich Nhat Hanh, *Teachings on Love* (Berkeley, CA: Parallax Press, 2002).
10. Thomas Merton, *Conjectures of a Guilty Bystander* (Nova York: Crown Publishing, 2009), 155.

Capítulo 8: Equanimidade e Deixar ir

11. Martin Luther King, "Loving Your Enemies", sermão feito na Igreja Batista da Avenida Dexter, Montgomery, Alabama, 17 de novembro de 1957. Publicado em Clayborne Carson, editor, *A Knock at Midnight: Inspiration from the Great Sermons of Martin Luther King, Jr.* (Nova York: IPM/Warner Books), 1998.

12. Mariame Kaba, *We Do This 'Til We Free Us: Abolitionist Organizing and Transforming Justice* (Chicago: Haymarket Books), 2021.

Capítulo 9: Nutrindo o Bem

13. Shawn Achor, "The Happiness Advantage: Linking Positive Brains to Performance", TEDxBloomington. YouTube, 30 de junho de 2011. https://www.youtube.com/watch?v=GXy__kBVq1M.

Capítulo 10: Fomos Feitos para Estes Tempos

14. Uma Profecia dos Anciãos Hopi proferida em Oraibi, Arizona, 8 de junho de 2000, em Margaret Wheatley, *Perseverance* (São Francisco: Berrett-Koehler, 2010), iii.

SOBRE A AUTORA

Kaira Jewel Lingo é professora do Dharma com um interesse vitalício em mesclar a espiritualidade e a meditação com a justiça social. Tendo crescido em uma comunidade ecumênica cristã na qual as famílias praticavam um novo tipo de monasticismo e trabalhavam com os pobres, aos 25 anos de idade juntou-se a um monastério budista na tradição de Plum Village e passou quinze anos vivendo como uma monja sob a orientação do Mestre Zen Thich Nhat Hanh. Lingo foi autorizada por ele a ensinar e se tornou professora Zen em 2007. Ela também é professora na linhagem Vipassana Insight no Spirit Rock Meditation Center. Hoje, Kaira vê seu trabalho como uma continuação do Budismo Engajado desenvolvido por Thich Nhat Hanh, bem como o trabalho de seus pais, inspirado por suas histórias e pelo trabalho de seu pai com o Dr. Martin Luther King Jr. na dessegregação do sul estadunidense.

Além de ter escrito *Fomos feitos para estes tempos*, ela também editou o livro de Thich Nhat Hanh, *Planting Seeds: Practicing Mindfulness with Children*. Lingo ensina e lidera retiros internacionalmente, fornece mentoria espiritual e combina arte, teatro, natureza, justiça racial e da Terra com a prática de mindfulness incorporada em seus ensinamentos. Ela se sente especialmente chamada para compartilhar o Dharma com pretos, indígenas e pessoas não brancas, e também com ativistas, educadores, jovens, artistas e famílias. Visite kairajewel.com para saber mais [conteúdo em inglês].

Fundação Thich Nhat Hanh

plantando sementes de compaixão

A Fundação Thich Nhat Hanh trabalha para continuar os ensinamentos e práticas sobre atenção plena do Mestre Zen Thich Nhat Hanh, de modo a promover a paz e transformar o sofrimento em todas as pessoas, animais, plantas e no nosso planeta. Por meio de doações à Fundação, milhares de apoiadores generosos garantem a continuidade dos centros de prática e monastérios de Plum Village ao redor do mundo, trazendo práticas transformadoras àqueles que de outro modo não conseguiriam acessá-las, apoio às iniciativas de mindfulness e levando alívio humanitário a comunidades em crise no Vietnã.

Ao se tornar um apoiador, você se juntará a muitos outros que querem aprender e compartilhar as práticas transformadoras de mindfulness, discurso amoroso, escuta profunda e compaixão por si mesmo, pelos outros e pelo planeta.

Para mais informações sobre como pode ajudar a apoiar mindfulness ao redor do mundo ou assinar a newsletter mensal da Fundação com ensinamentos, notícias e retiros globais, visite tnhf.org [conteúdo em inglês].

EDITORA ALAÚDE

CONHEÇA OUTROS LIVROS

ALCANCE SEU POTENCIAL MAIS ELEVADO E UMA COMPREENSÃO MAIS PROFUNDA DE SI MESMO.

Com insights sobre inteligência social e emocional, o poder da atenção, consciência corporal, respiração, plenitude e transcendência — e com dezenas de ilustrações das posturas da ioga —, Vivendo na luz é um guia para você construir um futuro brilhante e esclarecedor.

Ioga

Meditação

SE FOSSE FAZER APENAS UMA COISA PARA TRANSFORMAR SUA SAÚDE, O QUE SERIA?

Todos queremos maneiras rápidas e fáceis de melhorar nossa saúde, mas quando se trata de dieta, condicionamento físico e bem-estar, pode ser difícil separar os fatos dos modismos. Dr. Mosley traz à luz pequenas coisas que você pode introduzir em sua rotina diária que terão um grande impacto em sua saúde mental e física.

Transformação Pessoal

Vida Fitness

Todas as imagens são meramente ilustrativas.

Este livro foi impresso nas oficinas gráficas da Editora Vozes Ltda.,
Rua Frei Luís, 100 – Petrópolis, RJ.